ちくま新書

アメリカの社会変革

——人種・移民・ジェンダー・LGBT

ホーン川嶋瑤子
Horne Kawashima Yoko

アメリカの社会変革
——人種・移民・ジェンダー・LGBT

【目次】

はじめに

アメリカはなぜ著しく動的な社会なのか？　社会が変わっていく力、あるいは変えていく力はどこから出てくるのか？——本書の出発点となった問題意識である。

革新的テクノロジーは、言うまでもなく社会変化の重要な原動力だ。しかし、人々が押し進めるさまざまな社会運動もまた社会変化の力である。可変力のある社会は、人々に活力や能動的姿勢を与える。可変力の少ない社会は、閉塞感、無気力、受身姿勢を生みがちだ。本書は、個人やグループ、文化や制度が持つ力に目を向け、アメリカ社会のダイナミズムを見る。

特に、人種、移民、ジェンダー、セクシュアリティを軸とした平等化、多様化への動きを、アメリカのポジティブな社会変革力として取り上げる。これらの多様な運動を、歴史的流れの中に位置づけ、文化や社会的価値と関連させながら、広く相互連関的な社会変化として描き出すことに力点を置く。

2016年秋の大統領選挙は未曾有《みぞう》の混乱を引き起こしたが、経済政策、貿易や対外政策と共に、国内問題として人種や移民、所得格差や貧困、ジェンダー、LGBT等が重要な争点となった。本書はまさにこれらの問題を主テーマとしている。これらはアメリカ社会の根底に横たわる問題であり、しばしば変化を押す進歩主義と変化に抵抗する保守主義の衝突点、激しいせめぎ合いの場となる。

オバマ大統領の登場は、アメリカにおける人種的平等化への歩みを象徴したが、人種的多様性の価値化、移民やLGBT等の平等、医療保険改革等の社会福祉政策を進めた。しかし、水面下では、黒人大統領に我慢ができない白人層の抵抗が始まった。白人至上主義者、イデオロギー的極右勢力、右派キリスト教中心主義者、反イスラム、反移民、ナショナリスト等を支持基盤として大統領に当選したトランプは、オバマ・レガシーの抹消と逆転へと動き出した。さらに、社会的縁辺に潜伏していたこれらの反動的勢力をメインストリームに押し出した。

アメリカの社会変化は、振り子のように前進と逆進を繰り返しながらも、しかし、長期的には前進してきた。今再び、進歩を死守しようとする力と押し返そうとする力とがぶつかる激動の時代が始まった。

本書は、まず第1章で、アメリカの人種と移民の歴史と現在の問題を見る。異なる人種がいかにカテゴリー化され、差別が制度化、当然化されたか、そしてその解体をめざす長い闘争、特に1960年代の公民権運動とそれが刺激した広範な平等化運動のインパクト、さらに、移民の流入と移民政策の変遷を見る。具体例として日系人の歴史を取り上げる。最後に、現在における移民をめぐるイデオロギー的、社会的経済的対立の先鋭化を見る。

ところで、人種を形容する用語には、文化的社会的意味合いが含み込まれている。近年は、「黒人」「アフリカ系アメリカ人」が互換的に使用されている。後者は、80年代に使用が広がり、特に88年にジェシー・ジャクソンがこの表現の使用を提唱してから、一般用語となった。

「黒人」は皮膚の色、「アフリカ系アメリカ人」は出身地を基準にした表現だが、実はどちらも問題を含む。「1965年移民法」以降、カリブ海・南米、アフリカからの移民や留学生が増え、その子供も増えた。彼らは、アメリカでの抑圧された歴史を共有しない。また、カリブ・中南米出身とアフリカ出身移民とでは、文化も経験も異なる。アフリカ系白人もいる。したがって、多様なグループを「黒人」あるいは「アフリカ系アメリカ人」にくくり、グループ化することには困難さがある。例えば、元国務省長官コリン・パウエルはジャマイカ系移民二世、オバマ大統領はケニア人留学生の父とアメリカ白人女性の母の子供であり、2人ともアメリカの奴隷の子孫ではない。

一方、まだ「アフリカ系アメリカ人」という表現が一般化していなかった60年代の公民権運動では、「ブラック・パンサー」「ブラック・パワー」「ブラックは美しい」「ブラック・フェミニズム」等が広がったが、最近でも、「ブラック／黒人の命は大切だ（Black Lives Matter）」運動に見るように、「ブラック」という表現には、アメリカの歴史的かつ現在にも続く黒人差別への強い抗議、黒人の価値化、黒人のアイデンティティの主張が込められているとも言える。本書は、このような用語のもつ歴史、政治性を理解したうえで、「黒人」「アフリカ系アメリカ人」を互換的に使用する。

「ネイティブ・アメリカン」については、歴史的に「インディアン」、連邦政府組織は「インディアン局」、関連法にも「インディアン」という表現が使用されてきたが、近年は統計でも、一般用語としても「ネイティブ・アメリカン」が使用されている。日本語では「先住民」と表記されることが多い。本書では、歴史的に公的表記となっている場合は「インディアン」を使用し、それ以外の場面では「ネイティブ・アメリカン」と「先住民」を互換的に用いる。

第2章は、60、70年代に公民権運動と共に展開した女性運動が、いかにアメリカの社会制度および人々の考え方、生き方までを根底から変革したかを見る。しかしその変化の大きさ故に、変化への抵抗勢力も大きく、80年代の保守潮流の中で、女性運動はほとんど消えた。しかし、近年ふたたび女性運動は、過去におけるものとは異なる形で活発化し、社会変革を進める力となっていることを取り上げる。

第3章は、小さいLGBTグループがいかにして短期間に社会的容認、平等権、特に同性婚の法的承認を獲得したかを見る。近年のトランスジェンダーをめぐる運動の展開にも触れる。

第4章は、トランプ大統領を誕生させた社会的背景、アメリカ社会の多数の複層的分断と対立、政権発足と政策の方向を、アメリカの政治制度とイデオロギーに関連づけて分析する。また、メディアのインパクト、市民の力も分析の対象とする。

政権交代は、単なる政策の変化にすぎないこともあるが、社会体制から理念（人々の考え方・社会価値・文化・イデオロギー等）までの大きな変化となることもある。人種、移民、所得格差、ジェンダー、LGBT等は、まさに社会体制および理念と深く関連する問題である。オバマの進歩的時代の後に登場したトランプは、保守右派を支持基盤にして、この根底的転換、進歩の逆戻りをねらっている。

社会変化はどの方向へと向かうのか？　変化と抵抗の衝突——アメリカ社会のダイナミズム・動性を理解する上で、今は注目すべき局面にある。

第 1 章

人種と移民

——平等への長い道、そして今再び前線化

トランプ大統領の人種差別的政策、白人至上主義に抗議するデモ行進。ニューヨークにて、2017年9月18日。（提供：毎日新聞社）

アメリカの歴史は、まず第一次的に人種・移民の歴史だ。ネイティブ・アメリカン（先住民）の地に、西欧、北欧からの白人が植民地を作り、アフリカから強制的に連れて来た黒人を労働力として使い始めた。やがて、東欧、南欧からも大量の移民が流入し、さらに中近東、アジア、メキシコからの移民が流入した。人種・移民の歴史は、まず人種のカテゴリー化、上下化、差別の歴史であり、そして差別を否定して平等化をめざす努力の歴史であった。

アメリカには、今も世界の移民の20％が流入している。歴史を見ると、移民の大波が押し寄せるたびに、国家のアイデンティティ、宗教や文化を理由として、あるいは経済的理由から、反移民運動が起きた。近年ふたたび、大量の非白人移民の流入が白人主流の支配的アイデンティティや文化を揺るがすとして、一部に強い危機感を生んでいる。また不法移民問題に対する不満もくすぶる。16年大統領選挙で、ドナルド・トランプは、一部に潜在していた白人至上主義、白人ナショナリズム、反移民感情に火をつけた。

人種・移民問題は今もなおアメリカ社会に深く根差し、ゆさぶり続け、ポジティブにもネガティブにも社会を変えていく力となっている。アメリカの長い人種・移民の歴史を見ながら、現在の状況を考えてみよう。

1　人種カテゴリーの構築、差別の制度化

「白人」「黒人」「インディアン」のカテゴリー化

まずスペイン人が、メキシコ高原アステカ帝国征服（１５２１）後、アメリカ南部を探検し、フロリダ、テキサスやカリフォルニア等南部に植民した。イギリスからは、ロンドン拓商会社が送った１００名余りが１６０７年に最初の植民地ジェームズタウン（ヴァージニア州）を建設し、１６１９年にオランダ船が運んでいたアフリカ黒人20人を労働力として使い始めた。やがて、南部で、奴隷を大量に使ったタバコ、綿、藍、米栽培の大農園が発達した。北部ニューイングランド地方には１６２０年、宗教的自由を求めたピューリタン（ピルグリム・ファーザーズ）を含む１００人ほどがプリマス（マサチューセッツ州）に植民地を作った。北部は寒冷で農業に不適だったので家族的自営農業、やがて海運、貿易、造船等の工業が発展した。

オランダ人はハドソン河沿いに植民地を作りニューアムステルダムを建設したが、蘭英戦争の結果、１６６４年イギリス植民地となり、貿易・商業都市ニューヨークとして発展

した。フランス人は北のセントローレンス河から入りケベックを建設。南下してミシシッピ、ガルフ湾地域に至る中西部に植民し、ルイジアナ等を建設した。

1610年に350人の人口だった植民地に、独立後の1790年（最初のセンサス／国勢調査）までにイギリスやドイツ等から100万人ほどが移民し、移民の増加以上に多産によって自然増《しぜんぞう》し、全人口は390万人となった。白人は81%、その過半数が5〜7年の年季奉公人であり、囚人、土地を失った農民、都市の失業者、渡航費と衣食住供与の対価として農園や店で無償労働した若者等であり、奉公期間中は結婚や逃亡が禁止された「非自由白人」であった。黒人はすでに人口の19%（奴隷70万人、自由黒人6万人）を占めた。ネイティブ・アメリカンは「インディアン諸国家」を構成していたので、アメリカ社会の外に置かれていた（表1）。

奴隷制の合法化と維持のための諸制度

奴隷貿易はポルトガルによって始まり（1456）、スペインも16世紀初頭からカリブ海での砂糖プランテーションに奴隷を使い始めた。17世紀にはオランダ、イギリスも英・米植民地・西アフリカを三角に結ぶ奴隷貿易を始めた。アメリカも17世紀末に、南部でのタバコ、綿花栽培の拡大で黒人奴隷の需要が高まり、奴隷貿易に参入した。

表１　アメリカの人口と人種構成（1650〜2010）

年	1650	1790	1850	1900	1950	2000	2010
人口（万人）	50	393	2,319	7,600	15,070	28,142	30,875
うち移民の割合（%）			10	14	7	11	13
人口の人種構成（%）							
白人	97	81	84	88	90	75	72
黒人	3	19	16	12	10	12	13
先住民・エスキモー等			–	0.3	0.2	0.9	0.9
アジア・太平洋諸島系			–	0.2	0.2	4	5
その他人種					–	6	6
人種混血						2	3
ヒスパニック		–	0.5	0.7	2	13	16
非ヒスパニック白人			84	87	88	69	64

＊センサスは1790年に開始　＊移民＝外国生まれ
＊先住民は1890年からセンサスに組み入れられた。1860年の推定人口34万人
＊ヒスパニックは民族・文化区分であり、人種としては白人、黒人、その他多様である

Wikipedia および Migration Policy Institute 資料より作成

黒人の大部分が南部に住み、南部人口の4割近くを占めた。奴隷を規制するさまざまな「奴隷法」が制定された。１６４１年にマサチューセッツが奴隷制を合法化すると、すべての植民地に広がった。やがて終身奴隷制となり、所有者の「資産」となり、奴隷の子も奴隷とされ、売買の対象となった。

「黒人」とは誰か？　帰化法、婚姻法、奴隷規制や違反への刑罰の対象となる「黒人の定義」が必要となった。黒人の血が一滴でも入れば黒人とする「一滴主義」、８分の１、４分の１、認識できる場合、三代遡って祖先に黒人がいる、祖先のどこかに黒人がいるというように、各植民地はいろいろな定義を用いた。

人種区分の明確化、分離、上下関係の固定化のため、混血は厳禁された。１７０５年ヴァージニアが「異人種間結婚禁止」を採用し、多くの植民地に広がり、独立後も州に継承された。白人純血主義が白人優越を徹底化した。しかし、白人奴隷所有者が奴隷女性と性関係を持ったり、レイプすることは頻繁に行われ、混血児は黒人とされた。黒人男性が白人女性と性関係を持つと死刑となった。

奴隷身分の固定化、永久化、人種区分の明確化、奴隷の「資産」化、人種隔離、経済力の剥奪（物品売買・収入獲得・不動産所有の禁止）、厳罰（鞭打ち刑、死刑）、自由の剥奪（武器所有・夜間外出・集会の禁止）、英語学習禁止による思考のコントロールや情報へのアクセス制限がされた。

国家建設と奴隷制

英仏間７年戦争（１７５６－６３）は、アメリカ植民地では英対仏・インディアン連合軍で戦い、勝ったイギリスはアパラチア山脈からミシシッピ川までの領土を獲得した。しかし、その膨大な戦費赤字を補うべく植民地に課税（砂糖、印紙、茶等）したため、植民地人は「代表なくして課税なし」と抗議し、ボストン湾での茶積荷投棄事件（ボストン・ティー・パーティ）等を経て、独立戦争が始まった。１７７６年７月４日に「独立宣言」（建国の日）、83年パリ条約でイギリスからの独立と共に、ミシシッピ川までの広大な領土を手に入れた。

新生共和国の理念と枠組み作りの過程において、奴隷制をどうするかは常に重大な争点となった。「独立宣言」は、「すべての人の平等」「生命、自由、幸福の追求を含む奪われることのない権利」をうたった。しかし、黒人はその対象外であった。独立宣言文の主起草者トマス・ジェファソンは、人権思想と相容れない奴隷制に反対であったが、大勢の奴隷を使った大規模農園経営者であり、ジョージ・ワシントンも奴隷所有者であったというように、理念と現実には大きな乖離があった。

憲法制定会議でも奴隷制をめぐって議論されたが、最終的に、廃止か否かは各州の決定に委ねた。その結果、奴隷制は北部州では廃止されたが、南部では拡大した。

1787年制定の合衆国憲法は、①奴隷貿易は1808年に廃止。②連邦議会を二院制にし、上院は各州2名の代表、下院は州人口数によって代表数を決定。州人口は、「自由人」に加えて、奴隷を「白人の5分の3人」として数えるとし、南部奴隷州の利益を調整。③「奴隷は逃亡しても奴隷から解放されず、所有者の要求により返還されるべき」とし、奴隷所有を保護。これに基づき、議会は1793年に「逃亡奴隷法」を制定し、逃亡奴隷の捕獲援助を州に義務付けた。奴隷制は憲法上の制度となった。「1790年帰化法」が、

「市民」の範囲を定めたが、黒人は排除された（次節）。

国家の拡大、奴隷州vs.自由州、先住民の駆逐

アメリカは、戦争、購入、併合、先住民の強制移住等によって領土拡大を進めた。新しい州の編入にあたっては、常に、奴隷制を認めるか否かが重大な対立点になった。政治的バランスのために、奴隷制合法の「奴隷州」と禁止の「自由州」を同数にし、各州2名の上院議員数が同数となるように配慮した。

新領土の領有権をめぐって州の間で争いが生じたが、1785年「公有地条例」、87年「北西部条例」によって、ミシシッピ川上流のオハイオ川以西は奴隷制禁止とした。川の以北5州が自由州、以南のケンタッキー、テネシーが奴隷州となった。ジェファソンは、1803年に、ヨーロッパでの戦争と仏領カリブ海島での奴隷の反乱（04年に初めての黒人独立国ハイチ建国）での対応に追われていたナポレオンからルイジアナを購入、ミシシッピ川からロッキー山脈に至る広大な領土を獲得した。南部が奴隷州となり、双方同数となったが、ミズーリが奴隷州としての編入を希望したため、バランスを失うことから争いが生じた。「1820年ミズーリ妥協」によって、ミズーリを奴隷州、メインを自由州として編入して同数を維持し、他の領土については北緯36度30分を境界にして北を自由州、南を

奴隷州とすることで決着させた。

第二の独立戦争と言われる米英戦争（1812－15）が勃発。アメリカは、英・カナダ植民地・インディアン諸部族の連合を相手に戦い勝利し、アメリカの領土拡張主義、北部の産業発展を促し、経済的独立に貢献した。しかし、先住民にとって多くの戦力と土地の喪失という壊滅的結果となった。

アンドルー・ジャクソン大統領（1829－37）は、白人男子普通選挙制の採用、大衆の政治参加拡大（政府の公職や裁判官を任命制から選挙制に）で、大衆主義、平等主義を進め、ジャクソン民主主義と呼ばれた。しかし他方では、「1830年インディアン強制移住法」を制定し、ミシシッピ川以東の深南部に住むネイティブ・アメリカン部族を同川以西のオクラホマ等の不毛の「居留地」に追いやった（「涙のトレイル［旅路］」と言われた）。

ルイス&クラークによる北西部探検（1803－06）の成功が、西部への移住を刺激し、西へ西へと開拓は進んだ。しかし、白人の領土拡大にとって、黒人は労働力として必要であったが、先住民は邪魔だった。白人の開拓者精神（パイオニア・スピリット）は、先住民との戦争、居住地の略奪、駆逐となった。

ロッキー山脈から太平洋岸までのオレゴン領土は、英米が領土を争い境界線未定のまま共同領有していたが、「1846年オレゴン条約」で、北緯49度線を国境とし南をアメリカ領にした。南部では、スペインから独立（1821）したメキシコから、アメリカ人入植者の反乱および国境争いから生じたアメリカ－メキシコ戦争の勝利（1848）で、テキサス、カリフォルニアからユタに渡る広大な領土を割譲させた。

領土膨張主義は、アメリカの優越的モラルや民主主義の普及はアメリカが天から与えられた「明白な運命」（Manifest Destiny）として正当化された（1845年にジャーナリスト、ジョン・オサリバンが作った表現）。

そのカリフォルニアで1848年に金鉱が発見され、ゴールドラッシュで人口は急増した。「1850年妥協」で、カリフォルニアは自由州、ニューメキシコとユタは住民投票で決めることとした。しかし、自由州に逃亡した奴隷の捕獲のため一段と厳しい「1850年逃亡奴隷法」を制定した。「1854年カンザス－ネブラスカ法」は、「ミズーリ妥協」を破棄し、36度30分以北の領土について、自由州か奴隷州か住民投票で決めることを認めた。南北戦争開始の1861年には、34州のうち自由州19、奴隷州15であった。奴隷制はアメリカの政治、社会を揺さぶり続けた。

一方、ネイティブ・アメリカンは白人移植者の侵略に長く抵抗し戦ったが、南北戦争後の1887年に「インディアン戦争」の最後の抵抗は終わった。政府は先住民の「同化政策」に乗り出した。居留地の部族共有制を否定し、分割して個人所有地として割り当て、先住民の社会・政治・文化体制を破壊し、余剰地の多くを白人に分譲し、居留地の土地を大幅に奪った。また、先住民の子供のための寄宿学校を開校し、ネイティブ・アメリカンとしてのアイデンティティ、言語、文化、歴史の否定、「アメリカへの強制的同化」を進めた。拉致による入学も行われた。同化教育費は、先住民との戦費よりもはるかに安くてすむという考え方であった。貧困と共にこれらの同化政策は、先住民の社会や文化に壊滅的打撃を与えた。

このような連邦政府の先住民同化政策が大きく変わったのは、フランクリン・ローズヴェルト大統領の時だ。「1934年インディアン再組織化法」が、ネイティブ・アメリカン部族に自治権を与えた。これは「インディアン・ニューディール」と呼ばれた（鎌田09、アリゾナ州ハード博物館資料）。

奴隷制廃止運動の展開

奴隷制は、南北戦争という多大な犠牲を払って終焉する。奴隷制廃止運動の展開、理念、経済的土台、運動の推進者たち、世論へのアピール等を見てみよう。

独立革命の時には、神の前の平等という宗教的道徳観および自然権思想からの奴隷制反対運動が始まった。特にペンシルヴァニアに多く植民したクエーカー教徒は、「奴隷制廃止協会」を設立、フィラデルフィアで奴隷制廃止推進会議が設立され、北部州すべてが1804年までに奴隷制を廃止した。

経済面で見るなら、南部は奴隷を使用した農業経済として出発し、イーライ・ホイットニーの綿繰り機発明（1793）でプランテーションが拡大、奴隷需要は増加した。北部は自営農民と商工業中心の経済であり、1830年頃には産業革命が進行し、自由労働者を必要とし、北部と南部の経済的利益は衝突していった。

奴隷制時代にも、黒人年季奉公人、奴隷所有者が女性奴隷に生ませた子供、いろいろな理由で奴隷から解放された者、逃亡奴隷、西インド諸島からの移民等、黒人人口の1割は自由の身だった。北部では、いろいろな制約があったとはいえ、自由黒人に教育の機会も開かれており、フィラデルフィア、ボストン等で指導者も登場し、黒人の学校、教会、団体が組織され、奴隷制廃止運動も始まった。

1830年代、北部クリスチャンの間で奴隷制反対運動が活発化した。個人的・社会的改良を求める宗教的覚醒運動（Awakening）が展開したが、この運動は、禁酒運動、奴隷制廃止運動、女性の権利要求運動へと連なった。急進派白人ウィリアム・ギャリソンや武力闘争支持のジョン・ブラウン、元逃亡奴隷フレデリック・ダグラス等の強力なリーダーたちが登場し、奴隷制反対の出版物刊行、スピーチ、議会への請願活動、武力闘争や奴隷蜂起奨励等を展開した。奴隷の状況を描いたハリエット・ストウによる『アンクル・トムの小屋』（1852）は爆発的に売れ、世論を奴隷制反対へと大きく動かす力となった。

奴隷の即時廃止を求める急進派、漸次廃止派、奴隷州の拡大阻止派、白人主導、黒人主導、共闘等々、意見や作戦の違いがあった。奴隷たちも抵抗を始めた。地下組織「地下鉄道」が作られ、7・5万人が南部から北部へと逃亡（逃亡奴隷女性ハリエット・タブマンが活躍。2016年に財務省は、20ドル紙幣の表にタブマンを載せ、アンドルー・ジャクソンを裏面に移すという案を発表。トランプが撤回しなければ、紙幣に印刷される最初の女性、最初の黒人となる）。

白人と黒人の共闘は1840年頃から分裂も生じた（白人が奴隷制廃止を中心としたのに対し、黒人は奴隷制廃止だけでなく人種の平等を重視）。オバリン・カレッジが1837年に女性と黒人を受入れ、50年頃には黒人カレッジも設立され、黒人の牧師、教育者、法律家、政治的指導者、作家、医者等を育てた。

奴隷制廃止運動には女性たちも参加した。しかし、1840年のロンドン世界奴隷制反対会議では発言権も与えられず、傍聴席に追われたことから、48年ニューヨーク州セネカフォールズで女性の権利要求を宣言、第一波女性運動が始まった（第2章）。

奴隷解放、しかし再び黒人の権利の剝奪

1860年に、共和党のエブラハム・リンカンが大統領に就任、奴隷制を死守しようとする南部11州が連邦(Union)を脱退して「南部連合」(Confederate)を樹立、南北戦争が勃発し(61-65)、62万人の戦死・病死・餓死という悲惨な戦争となった。黒人19万人も参戦。リンカンによる63年1月1日の奴隷解放宣言と11月19日ゲティスバーグでの演説(「人民の、人民による、人民のための政治」)、65年の憲法修正第13による奴隷制禁止で、400万人の奴隷が解放された。リンカンは2期目就任のわずか1カ月後に暗殺されたが、68年の修正第14が黒人に白人と同じ市民としての権利、平等な保護を保障し、70年修正第15が黒人に選挙権を認めた。

戦争で荒廃した南部の「再建期」(67-77)には、黒人も多数が投票し、連邦議会には22人の黒人議員が当選、州のポストにも就任した。しかしながら、黒人の政治進出は長く続かなかった。

奴隷制は制度としては終わった。しかし、黒人抑圧は形を変えて続いた。南部の白人旧支配層が力を回復し、奴隷解放直後から、白人支配と隷属的黒人労働力の維持をねらった一連の「黒人法(ブラック・コード)」を制定した。黒人に一部の権利(売買や資産所有権、結

婚権等）を認める一方で、解放黒人の自由の制限、経済的自立阻止を法的制度にした（農場労働や家事使用人以外の就業禁止、土地所有禁止等）。

「再建期」終了と共に黒人の権利、法的保護も崩されていった。投票権制限（投票税、読解テスト等）により、黒人の投票は激減、黒人議員もほとんど消滅した。公選職の候補資格も否定され、黒人は政治的力を剝奪された。白人組織「クー・クラックス・クラン（KKK）」による暴力行為等が支配服従関係を維持する暴力装置として機能した。

異人種間結婚・性的関係禁止は続き、人種隔離を制度化した「ジム・クロウ法」は1964年の公民権法で廃止されるまで続いた（ジム・クロウは18世紀半ばの白人旅芸人が黒人の真似をして面白おかしく踊りながら歌った歌に出てくる黒人名だが、やがて法的人種隔離策を指すようになった）。人種隔離は、学校、公的輸送機関、住居、医療サービス、レストラン、トイレ等の生活領域から軍隊まであらゆる領域に及んだ。ジム・クロウ・エチケットは、白人と黒人間の接し方作法として強制された。

では、司法はどのように奴隷制、人種差別を扱ったのか？　奴隷解放前の著名な最高裁判例が、1857年「ドレッド・スコット判決」だ（Dred Scott v. Sandford）。自由州イリノイに奴隷として居住した後に奴隷州ミズーリに白人主人と共に移動したスコットが、自由州居住を理由に自由を求めたケースだ。判決は、「黒人は市民ではないから提訴できない

（黒人は1868年まで市民ではなかった）。奴隷は自由州に移住しても、奴隷の身分から解放されない」とした。この判決は強い社会的非難を巻き起こし、奴隷解放運動に弾みをつけた（同判決は、1868年の憲法修正による奴隷制廃止と平等な保護条項によって無効となった）。

連邦議会は「1875年公民権法」を制定し、レストラン、輸送機関、劇場等への平等なアクセス、陪審員になる権利等を保障したが、最高裁は同法を違憲とした。

ルイジアナ州の「1890年鉄道車両人種隔離法」は、2両以上ある場合は車両により、1両のみの場合はカーテン等で人種分離すると規定した。この州法に挑戦するため、8分の1黒人のプレッシーは「白人オンリー」車両に意図的に着席し逮捕され、憲法の平等な保護違反を理由に提訴した。1896年最高裁判決は、「人種隔離策は、黒人向けサービスが白人向けと同じ質であるなら合憲」「憲法は2人種に平等の保護を保障するが、1人種が他よりも社会的に劣等であるなら、両者が同じ場所にいることを強制できない」とした（Plessy v. Ferguson）。

この「分離しても平等」原則は、南部州の「ジム・クロウ法」と人種エチケットの実践、投票権の否定や制限を合憲的制度にし、北部州へと拡大した。実際には、黒人向けサービスは白人向けより常に劣等であったことは言うまでもない。「分離しても平等」原則は、1954年「ブラウン判決」によって否定されるまで、60年にわたって維持された。最高裁は、黒人の権利を保護するのではなく、むしろ著しく制限し、白人支配の維持に貢献した。

2　移民・帰化政策と人種・民族の階層化

1790年のアメリカの人口は390万人、その後1820年代までの移民は主にイギリスから10年間で6万人程度の流入だったが、30年代から大量移民の時代が始まった。まず北欧・西欧からの第一次移民の波が到来し、80年代から南欧・東欧を中心とする第二次移民の波が押し寄せた。さらにシリア、トルコ、アルメニア等の中近東からの移民が入ってきた。一方西部では、ゴールドラッシュを機にアジア人移民がやってきた。

多民族・多人種の移民の流入に対し、どのグループを「望ましい移民」として受入れ、「アメリカ市民」として認めるか、アメリカの理想的社会とは何か、が重要な問題となった。反移民の大衆運動（nativism）も起こった。移民・帰化政策は、白人、黒人、インディアンのカテゴリー化とは異なる態様で、人種・民族をめぐる社会秩序とイデオロギーを構築した。

移民の洪水――西欧・北欧旧移民、東欧・南欧新移民

1830年代からの北・西欧からの大量移民は、蒸気船による安価な定期航路開始、ヨーロッパの政治不安、農作物不作、人口過密や貧困、宗教的・人種的抑圧、等がプッシュし、アメリカの潤沢な土地、北部での産業革命進展で急速に発達しつつあった紡績や造船や鉄道・運河建設の労働力需要がプルした。

北・西欧移民の最大グループは、ドイツ、アイルランド、イギリス、スカンディナビアからで「旧移民」と呼ばれ、20世紀初頭まで続いた。教育のある有資産層は土地を購入して自営農になったり、都市の技能労働者として容易に定着できたが、スキルやリソースのない貧農移民たちは土地購入もできず多くが都市の低賃金単純労働者となった。

一方、アイリッシュは多くがカトリックのケルト人で、プロテスタントのアングロサクソン人に抑圧されていたが、1845年のポテト飢饉以降貧農たちが大挙して移民し、鉄道、運河の建設や鉱業の低賃金労働者となり底辺層を構成した。移民労働者の流入がアメリカの生産力を上昇させたが、移民の洪水は先入者との軋轢《あつれき》も生み、移民制限を求める声が出てきた。

1850年頃には、アイルランドやドイツのカトリック移民に対し、職を奪う、プロテ

スタント文化を壊すという反対運動が起きている。「何も知らない運動（Know Nothing）」（秘密結社として始まり、人に聞かれても何も知らないと答えるよう指示されていたので、こう呼ばれた）が、移民制限と帰化条件の厳格化を要求した。この運動は、奴隷制をめぐる対立の深刻化の中で消滅した。しかし、南北戦争後の70、80年代には、特にドイツ移民がドイツ語学校を設置してドイツ文化と言語を維持したため、反移民運動の標的とされた。
　1862年ホームステッド法（未開拓地を開墾し5年間農耕すれば160エーカーまでただで取得できた）がさらにヨーロッパ移民をプルした。80年代から、

表2　アメリカへの10年間ごとの流入移民数

年代	流入移民数	関連した出来事
1820	14万人	ノルウェー等
1830	60万人	**原住民強制立退き法**（1830）
1840	170万人	ドイツ、アイルランド等。**ゴールド・ラッシュ**（1848-55）
1850	260万人	**カトリック・アイリッシュ移民反対運動**
1860	230万人	ポーランド等。**ホームステッド法**（1862）
1870	280万人	**南北戦争後の不況が移民流入を抑えた**
1880	520万人	ドイツ移民ピーク。東欧ユダヤ人等。**中国人排斥法**（1882）
1890	370万人	北・西欧の旧移民→南・東欧の新移民
1900	880万人	ロシア移民増加
1910	570万人	イタリア移民ピーク、200万人
1920	410万人	**移民割当制**（1924）。東・南欧移民制限、アジア人移民禁止
1930	53万人	**大恐慌**

【その後の主な動き】

1965年　移民国籍法改正：国別割当を廃止、西半球12万人、東半球17万人の上限枠を設ける

1978年　西／東半球ごとの上限枠に代え、全体の上限を29万人に

1990年　全移民枠を70万人とする。家族とスキル労働者を優先、未熟練労働者枠を1万人に設定

Open Collections Program: Immigration to the US, Timeline; Migration Policy Institute; Wikipedia 等より作成

南欧・東欧を中心とする第二次大量移民が始まり、彼らは「新移民」と呼ばれた。イタリア、ロシア、ポーランド、ハンガリー、チェコ、ギリシャ、さらにロシアや東欧のユダヤ人等が、政情不安、土地不足、不作、貧困、迫害等色々な理由で移民した（ラテン、スラブ、ユダヤ等でカトリック、ユダヤ、正教が多かった）。南欧の最大グループであったイタリア移民は、主として南伊のカトリック貧農で、南北戦争後の労働力需要もあり大量流入した。しかし19世紀末には西部未開拓地もなくなり（1890年のフロンティア消滅宣言）、都市のスラム化地域に固まって住み、先入のドイツやアイリッシュ系旧移民が社会上昇した後の底辺層に入った。

ヨーロッパ人移民は白人だったが、宗教、民族、出身国での社会的地位、教育やスキルレベル、移民の時期等さまざまな理由で、階層化された。移民たちが置かれた社会経済的状況は、個人やグループの所属感、アイデンティティの一部となり、人種や民族による階層化の当然化、自然化に貢献した。しかし、二世、三世になると生活の基礎を固め、階級上昇し、アメリカ主流文化に同化していった（Lopez, 1996）。

誰が「アメリカ市民」になれるのか？——白人性の主張

アメリカは、植民地時代から、原則として移民を自由に受入れてきた。独立して国家の諸制度を作っていく中で、1789年憲法制定に続き、「1790年帰化法」を制定し、「良いモラルの自由白人外国人」にアメリカ帰化権を認めた（申請に必要な在住年数は当初2年、後に5年）。

ヨーロッパ人年季奉公人は「非自由人」だったが、年季があければ自由白人として市民権を申請できた。黒人は、奴隷はもちろん、自由人も市民になれなかった。黒人が市民になれたのは、奴隷解放後の1868年憲法修正第14が「黒人およびアメリカ生まれの子供すべて」に市民権を認めたことによる。

ネイティブ・アメリカン（先住民）は「インディアン部族国家」に所属するとされ、アメリカ市民から除外されていた。「1870年帰化法」は、帰化権を白人と黒人に限定し、他の非白人（アジア人、先住民）には否定した。先住民は、白人植民者による侵略に抵抗した「インディアン戦争」が1887年に終わり、「1890年インディアン帰化法」で帰化権が与えられ、「1924年移民法」が「市民」として認めた。

要するに、移民がアメリカ市民になるには、「白人」か「アメリカでの出生（出生地主義）」が必要であった。つまり、外国生まれの非白人移民の帰化は否定したが、アメリカで生まれた非白人の子供はアメリカ人として認めた。「1906年帰化法」は帰化の条件として英語力を課した。

一連の判例が、誰がアメリカ市民になれるかを決めたが、「白人性」が決定的要素であったため、帰化申請者は「白人性」を主張した。多くの帰化申請が法廷に持ち込まれたが、当初は判定もばらばらだった。

中近東からアラブ系移民が1870年頃から入ってきた。多くがオスマン帝国で抑圧されていたクリスチャンだったが、アラブ系はムスリム（モスレムとも呼ぶ）と同一視され、アメリカ民主主義社会への同化不可能な非白人であるとみなされ、帰化を否定されていた。シリア系クリスチャン移民が、クリスチャンの白人性を主張して一連の帰化申請訴訟を起こし、1909年と15年の判決で正式に「白人」となった。ムスリム・アラブ系が白人として帰化が認められたのは44年、サウディアラビア移民のケースだが、10年前に同国で石油が発見されたため、アメリカは石油確保のために良好な政治的関係を求めていた時期だった（Beydoun, 2014）。

1870年代から、中国人移民が「白人性」を主張して、帰化を申請したが、「アジア人」は「非白人」とされた。「アジア人」から「白人」への変更に成功したのが、アルメニア人移民だ。アルメニア人はほとんどがクリスチャンだったが、地理的に西アジア地域であったため当初は「アジア人」にされていた。1909年判決で、「外観がほぼ白人であり」「日本人よりも英語が上手であるからアメリカ社会に同化しやすい」という理由で

「白人」とされ、市民になって農地所有権を獲得して農業で成功し、社会上昇を果たした(Lopez, 1996)。

その対照が日系人だ。日系人は1900年以前は人数も少なく、扱い方もはっきり決まっておらず、帰化した日系人も少数いたが、日系人が集中し、経済的成功者も出てきたカリフォルニア等の西部では、日系人排斥運動が高まった。日本生まれのタカオ・オザワは、自分は白人であると主張して市民権を要求して提訴した。1922年最高裁判例は、日本人は非白人であり、アメリカに同化しがたい「帰化不能外国人」であるとした(Ozawa v. US)。西部州は、「外国人土地法」によって、非白人で帰化不能なアジア人の土地所有禁止、賃貸制限をし、農業が中心であったアジア人移民の生活手段を著しく制限した(本章6)。

20世紀初頭にインド人が農業労働者として入ってきたが、人数が増えて存在が目立ち出すと、ターバンを巻いたシーク教徒への反感が高まり、「1917年移民法」によって移民は禁止された。当初は、「白人」とされ帰化できたが、帰化を否定されたインド人が、アーリア人は白人であると主張し帰化権を要求したケースで、23年最高裁判例は、インド人は白人ではなく、アメリカ社会に同化しないだろうから帰化不可能であるとし、既帰化者からも遡及的に市民権を剝奪した。

では、女性の市民権は？「1790年帰化法」は女性について言及しなかった。女性は父親、夫から独立の存在ではなかったので、特に独立の市民権をもつ必要がないと考えられていたためだ。寡婦《かふ》や独身の場合は、資産所有権や売買権を獲得できた。アメリカ市民と結婚した外国人女性は、1855年に市民権を認められた。しかし、「1907年国籍喪失法」は、妻は夫と同じ国籍になるとして、外国人と結婚するアメリカ女性はアメリカ国籍を失った。女性の無権利状態は、1920年の女性選挙権獲得で変わり、「1922年既婚女性法」は、女性に夫から独立したステータスを認め、外国人との結婚後も国籍維持を認めた。しかし、帰化不能アジア人と結婚したアメリカ女性の国籍喪失はそのまま継続した。そのため、日系二世女性（出生によってアメリカ市民）が日系一世（日本人移民）と結婚すると、市民権を剥奪された（本章6）。

人種・民族と移民制限——東欧・南欧新移民とアジア系移民

東部にヨーロッパからの大量移民が流入し始めた頃、西部ではアジアからの移民が入ってきた。移民の増加に対し、移民反対運動が高まった。州は南北戦争後から移民法を制定し始めたが、最高裁が1875年に、移民関連は連邦政府の所管であると判決したことから、連邦移民政策が始まった。東欧・南欧移民とアジア人移民に対して、全く異なる反移民政策で対応した。

①東欧・南欧移民対策——国別割当制による移民抑制策

1890年以前は8割が北・西欧移民だったが、その後は東・南欧移民が凌駕し、1920年には北・西欧は25％に減り、東・南欧が約65％に達した。大量移民の到着に対応するため、1892年に、ニューヨーク市ハドソン川のエリス島に移民局を開設し入国審査した。大半は簡単に入国でき、入国拒否率は1〜2％にすぎなかった。1954年の閉鎖までに、1200万人がここを通過して入国した（KQED資料）。

しかし、東・南欧からの新移民は、北・西欧からの旧移民に比べ、教育レベルもスキルも低く、英語学習も遅く、それほど望ましくない移民であると考えられ、政府は、職場での英語学習、学校での母国語教育禁止等アメリカ同化を強制した。しかし、アングロサクソンよりも劣等人種であり、アメリカ化は困難であるという考えから、移民制限へと傾いた。

新移民の洪水を抑えるため、「1917年移民法」は、①低スキル労働者の流入を制限するため、移民に英語テストを実施、②「望ましくない移民」として、低知能、アルコール中毒、貧困者、犯罪人、乞食、精神病、結核、伝染病患者、就労して稼げない身体障害者、多妻者、アナーキスト、売春婦等を排除の対象にした（1952年廃止）。続く「1921年緊急割当法」は、初めて国別割当制を導入し、1910年時点での出身国別外国人居住者数の3％をその国の移民枠にした。これにより、東・南欧移民は第一次大戦前の4分の1にまで縮小した。

さらに、「1924年移民法」で、これら移民の増加前である1890年時点での国別外国人居住者数の2％に移民枠を変更することによって、東・南欧移民の割合は2割弱へと劇的に減少し、北・西欧移民を8割に回復させた。この移民政策によって、大量移民の時代は終わった。1930年代の大恐慌が始まると、移民はほとんど禁止され、強制帰還や仕事が見つからないための任意的帰還で流出増となった。特にメキシコ移民は帰化者も含め大量の任意、強制帰還となった。

②アジア人移民対策――移民禁止

東部にヨーロッパからの大量移民が流入し始めた頃、西部ではアジアからの移民が入ってきた。アジア人移民の入国と居住は認められていたが、「帰化不能外国人」であった。

カリフォルニアでの1848年の金発見に始まったゴールドラッシュと鉄道建設事業、鉱山や農業労働力需要に誘われ、まず中国人が流入した（大陸横断鉄道は、東側起点のネブラスカ州オマハからは多数のアイリッシュ労働者、西側からは9割が中国人労働者によって建設が進められ、1869年ユタ州で合流して完成）。1850〜70年に約10万人、1870年代に12万人以上が流入。ゴールドラッシュも終わり、鉄道建設も一段落すると、低賃金の農業や都市労働力となったが、白人労働者の職を奪う、賃金を下げるとしてイエローペリルが煽られ、反移民運動が高まった。かつて反移民の的にされたアイリッシュは、反中国移民の先頭に立った。

「1870年帰化法」は、帰化権を白人と黒人に限定し、アジア人を除外したが、連邦政府はさらなる移民制限へと動いた。「1875年ページ法」はアジア人排斥法と呼ばれ、アジア人を「望ましくない移民」とし、特に中国人移民を制限した。さらに、「1882年中国人排斥法」は、すべての中国人労働者の流入を禁止した。同法は、最初の人種・民族特定の移民禁止法となった（1943年廃止）。中国人労働者の代替となったのが、日本人移民だった。

アジアからの移民を審査するため、1910年にサンフランシスコ湾のエンジェル島に移民局が開設された。30万人が上陸し、厳しいアジア人移民抑制策によって入国拒否率は11〜30％に上ったと推定されている（KQED資料。この移民局は1940年に閉鎖され、戦時中は日本人やドイツ人の捕虜収容所となった）。

「1917年移民法」が、アジアの移民禁止地域を指定し、その地域からの移民を全面的に禁止した。「1921年緊急割当法」によるアジア人移民禁止、続く「1924年移民法」の一部「アジア人排斥法」がアメリカへの帰化不能人種・国民の移民入国を禁止。日本人は1922年最高裁オザワ判決で「帰化不能人」とされていたので、これにより日本人移民は完全禁止となった（本章5）。

アジア移民は、ヨーロッパ移民に比べると桁違いに少数だったが、望ましくない「アジア人カテゴリー」が形成され、新たな移民を禁止すると共に、既移民者の帰化権否定によってアメリカ市民が持つ政治的経済的権利を否定した。

人種・民族によるカテゴリー化、階層化

アメリカはイギリス、ドイツ、北欧系の先入移民が作った国であり、帰化・移民政策はそれを理想として維持するための法的装置であった。ホワイト・アングロサクソン・プロテスタント支配は、ワスプ（WASP）という表現に凝縮されている（この言葉自体は1950年代の造語とされている）。

植民地時代からの「白人」「黒人」カテゴリーの形成、「インディアン」の排除、異人種間結婚禁止による白人純血維持、混血の黒人化、奴隷解放後の法的および事実上の人種隔

離と差別で、人種による強固な社会秩序が作られた。そして移民が大量に流入してくると、帰化・移民政策と判例が、人種・民族による階層化、差別化、排除を進めた。当時発展しつつあった人種についての科学的理論は、白人の優越性を正当化した。

白人間にも、民族・宗教・出身国その他要素による差異化、階層化が生じたとはいえ、やがて白人として支配的文化・言語に同化し、階層上昇することが可能だった。南欧・東欧の貧農であった時、白人性は無意味であったが、アメリカに来て「白人」カテゴリーに入ることによって、他人種に対し優越的地位と優越感を手に入れた（McDonald, 2007）。「望ましいグループ」に対し、「望ましくないグループ」が明確化された。アジア人移民は、アメリカ社会・文化への同化不能、帰化不能人種とされた。アメリカ生まれの二世は市民であったが、差別扱いが正当化された。人種・民族をめぐる社会秩序、規範は、グループの社会的経済的ステータスや可能性を規定し、差別や人種分離を合法化し、個人やグループの所属感、アイデンティティを形成した。

このような人種差別的移民政策は第二次世界大戦後に変化し始めたが、人種別移民政策の根本的改革は「1965年移民法」で始まった。移民政策における人種差別廃止の力となったのは、「公民権運動」とその成果「1964年公民権法」のインパクトだった。

3　新しい時代の始まり——公民権運動の展開と達成

１９５０年代後半から60年代の公民権運動は、黒人の平等を要求した社会運動であったが、女性運動、その他のマイノリティの平等要求運動、ヴェトナム反戦運動、大学改革要求運動、同性愛者運動等を刺激し、大きな社会変革の時代となった。

ブラウン判決「人種分離は本質的に差別」

１９０９年に「ＮＡＡＣＰ（全国黒人向上協会）」が、有力な黒人理論家であり活動家であったＷ・Ｅ・Ｂ・デュボイス（ハーバードの最初の黒人博士号取得者、大学教授）等によって設立され、平等要求の強力な組織となり、連邦議会に「ジム・クロウ法」の廃止を働きかけた。36年に同会の弁護士になったサーグッド・マーシャルが中心となって、特に教育分野における人種分離を標的にした訴訟戦略を開始した。メリーランド、テキサス等の州立大学の法学部、大学院による黒人入学否定を差別だと訴えて勝訴した（マーシャルは、67年に黒人最初の連邦最高裁判事に就任）。

続いて、公立学校の人種分離に挑戦した。カンザス州トペカ市で、自宅近隣の白人小学校への入学を拒否され、より遠い非白人学校に回された黒人少女の両親ブラウンが、市教育委員会を訴えたのが「ブラウンvs.教育委員会」（Brown v. Board of Education）だ。途中で死亡した長官の後を引き継いだアール・ウォレン法廷は、54年に、60年間にわたって人種隔離を正当化してきた1896年「プレッシー判決」の「分離しても平等」原則（前出）を否定し、「教育における人種分離は本質的に不平等である。分離は黒人に劣等感を与える」という歴史的判決を示した。この「ブラウン判決」は人種統合への道を開き、人種差別撤廃を求める公民権運動の理論的基盤となった。

同判決の後、時代は大きく動き出した。1955年末にローザ・パークスが、アラバマ州都モンゴメリー市の人種分離バスで席を白人に譲ることを拒否して逮捕されたことから、バスの人種分離策の違憲を提訴すると共に、バス・ボイコット運動が始まった。その少し前に同市の教会に牧師として就任した26歳のマーティン・ルーサー・キングがリーダーとなって、ボイコットは1年余り続き、最高裁による「バスの人種分離違憲判決と人種統合命令」という重要な判決を得て終わった。

しかし、南部白人の抵抗は強かった。56年のアラバマ大学への黒人学生の入学に対し、白人たちは投石や反対デモで妨害した。アーカンソー州リトルロック市の高校への黒人生徒9人、ミシシッピ大学への初の黒人学生は、白人暴徒から守るため派遣された連邦軍隊に囲まれて入学。ノースカロライナ州グリーンズボロ市では60年、黒人学生4人が白人オンリーのランチ・カウンターに座ってコーヒーを注文し、サービスを拒否された。翌日はより大勢の学生が抗議の座り込みに参加し、非暴力抵抗運動が全国に拡散。61年5月、公的サービス施設（トイレやレストラン等）での人種統合が実践されているかをテストするため、黒人と白人の学生グループ「フリーダム・ライダーズ」が、首都ワシントンからバスで南部へ出発。深南部で白人暴徒から暴行を受けたが続行し、モンゴメリーに到着。キング牧師を囲んで集会した教会は、暴徒に囲まれた。

徹底した人種分離主義者で62年からアラバマ州知事となったジョージ・ウォラスは、ケネディやジョンソンの人種平等化政策の恩恵の外にあった白人ブルーカラー労働者や農民、白人至上主義者等の不満や怒りを反映したポピュリズムに呼応した。大学や高校への黒人の入学や黒人たちのデモ行進に対し、先頭に立って妨害した（ウォラスは大統領選にも4回出馬、知事も4期務めた）。

63年は、奴隷解放宣言100年記念の年であった。5月のバーミンガムでの公民権要求の行進を警察は犬と放水で追い散らし、キング等大勢を逮捕した。キングは、出所後の8月28日、「仕事と自由を要求するワシントン行進」において、リンカン・メモリアルで25万人を前に、歴史に残るスピーチをした――「私には夢がある（I have a dream）。奴隷解放から100年経った今もなお、黒人は自由と権利を制限されている。しかし、いつかは黒人と白人は平等になるであろう……不正義と抑圧に充ちている州もいつか自由と正義のオアシスに変わる夢をもっている」。

しかし、9月15日の日曜日には、バーミンガムのバプティスト黒人教会がKKKメンバーによって爆破され、4人の黒人少女が死亡した。犯人たちは処罰されなかった。この事件は燃え上がった公民権運動にさらなる油を注いだ（犯人は殺害から実に40年を経て有罪判決となった）。

「公民権法」、差別禁止のための法整備

61年1月、ジョン・F・ケネディ大統領が43歳の若さと「ニュー・フロンティア」に象徴される新しい時代の理念（地理的フロンティアは19世紀末に消滅したが、60年代の「ニュー・フロンティア」は、科学と宇宙の未知の世界の探索、平和と戦争、無知と偏見、貧困と余剰等の克服すべき課題が残っており、それらに挑戦しなければならないという理念）を掲げて登場した。飢饉でアメリカに渡ったアイリッシュ移民の4世で、カトリック初の大統領だった。国際的には、冷戦、共産主義恐怖、スプートニク・ショック、キューバ危機、国内的には戦後の繁栄の中での貧困問題、人種差別問題等を抱えていた。

ケネディは、バーミンガム行進後に公民権法の制定を議会に訴えた。しかし、11月22日にダラスで暗殺されてしまった。後を継いだリンドン・ジョンソン大統領は、公民権法をケネディの遺産として訴え成立にこぎつけた。この「64年公民権法」は、①人種、皮膚の色、性、出身国による差別の禁止、②学校や職場、公的サービス組織での人種分離禁止、③実効化のために、差別の調査、制裁、提訴権をもつ雇用機会平等委員会（EEOC）設置、④司法長官による差別提訴権等を規定した画期的なものだった。そしてジョンソンは、ケネディのニュー・フロンティア理念を引き継いで、「偉大なる社会の建設」「貧困との戦い」を宣言、社会福祉政策に力を入れた。

投票権の実質化のためには、さらなる闘いが必要であった。黒人の投票権は、1870年憲法修正第15で保障されたのだが、南部州ではその後も投票税等さまざまな条件をつけ投票権を制限していた。1964年の憲法修正第24が投票税を廃止した。64年夏の「フリーダム・サマー」は、特に黒人有権者登録が6％と最低のミシシッピ州を標的にして、北部の白人学生も多数参加し、黒人の登録を支援した（投票するには事前に有権者登録が必要）。65年3月7日、キング先導のアラバマ州「セルマからモンゴメリーへの自由の行進」は、警察による襲撃で中止。15日にジョンソンが議会に「投票権法」を提案。21日に行進がセルマを再出発、25日にモンゴメリーに到着。8月に「65年投票権法」が成立、投票制限が撤廃された。

異人種間結婚禁止州法は、67年の最高裁違憲判決（Loving v. Virginia）で廃止され、「68年公民権法」が住居関連の差別を禁止し、法的な差別撤廃は進んだ。

しかし、都市内部での失業と貧困、生活環境や医療、教育の劣悪さ等は改善されず、黒人の間の不満は高かった。60年代の特に「長い暑い夏」に、警官による黒人射殺や不当な扱いをきっかけに、黒人たちは怒りを爆発させ、全国で暴動が多発し、多数の死傷者が出た（ニューヨーク市ハーレム、ロサンゼルス市ワッツ地区での暴動、等）。

キング等による非暴力闘争に対し、マルコムX等による闘争的な黒人ムスリム運動、ハーレム・ルネッサンス、ブラック・パワーの高揚、カリフォルニア州オークランドでのブラック・パンサー設立（66）等があったが、マルコムX自身65年に暗殺された。キング牧師も68年4月テネシー州メンフィスで凶弾に倒れた。同年6月にはロサンゼルスで民主党大統領候補であったロバート・ケネディが暗殺された。

NAACP等の組織化と戦略化、キングやマルコムX等の強力な黒人指導者の登場、黒人学生のアクティヴィズム（社会的活動主義）、白人学生の運動参加、白人一般にも運動支持が拡大、メディアの取り上げ、海外からの批判、そして何よりも奴隷解放から1世紀を経たにもかかわらず抑圧され続けてきた黒人たちの怒りは、黒人多数参加の大衆運動のエネルギーとなった。ケネディ大統領は短期ではあったが、新しい時代の社会潮流を呼び起こし、ジョンソンへと引き継がれた。一連の差別禁止法の成立、最高裁による進歩的判例、行政による実効化の努力、アファーマティブ・アクション発令と、さまざまな要素の結びつきが、大統領、議会、司法、世論の全体を差別撤廃の方向へと押した。

4 「公民権法」から50年――少数の成功者の陰にある黒人問題の深刻さ

法的平等を保障した「1964年公民権法」から五十余年、この間にどのような前進があったのか？ いろいろな分野で有力な黒人リーダーが登場した。頂点は言うまでもなくバラク・オバマ大統領だが、上下院議員、最高裁判事、国務長官、司法長官、国連大使、州知事、大都市の市長等にも黒人が就任した。TV、音楽、芸術、スポーツでも多くの成功者を輩出している。しかし、一部が上中階層へと上昇する一方で、多くは底辺に沈下したままという分極化が進行している。

教育的達成、しかし経済的社会的格差――家族崩壊、貧困、犯罪の多さ

黒人の経済的社会的状況がこの50年間にどの程度改善したか、いくつかの指標を見よう

(National Urban League その他資料)。

大きく改善したのが教育分野だ。高校卒業率は、50年前の25%から、今では70%を超えた(白人87%)。18〜24歳人口の大学在学率は16%から33%に上昇(白人42%)。教育達成の改善で、多くの黒人が特に連邦・州市職員に就業し、安定したミドルクラスに、一部はアッパークラスへと上昇した。黒人の投票率の向上は、黒人の公選職への進出を押し、連邦議員は50年前の5人から、今期17/18年には、上院3人、下院48人の計51人となった。

しかし、全体的に見るなら、経済・社会的平等からはまだ程遠い。黒人世帯の所得中位値は白人世帯の58%にすぎない。失業率はこの50年間ずっと白人の2倍だし、20〜24歳層では特に高い。黒人世帯の所有資産価値(土地家屋、株等)は、2013年には、白人世帯の13分の1と極端に少ない。製造業の縮小、サービスやIT関連業へのシフトは、黒人の就業に打撃を与えている。

黒人世帯の貧困率は50年間で40%から27%に減少したが、他グループと比べると高い。18歳以上人口の婚姻率は60%から31%に半減(白人55%)、婚外出産が倍増し、出生児の7割が婚外出産で(白人29%)、特に未成年妊娠が多い。18歳未満児のいる黒人世帯の4割は両親世帯だが、半分が母子世帯だ。母子世帯の4割、両親世帯も3割近くが貧困だ。育児・教育環境はそれほど改善していない。

黒人男性の犯罪の多さは、家族の崩壊、父親不在、貧困、コミュニティの崩壊、社会復帰の困難さ、子供の家庭・教育環境の悪化、犯罪の世代間再生産という悪循環の原因となっている。黒人の子供9人に1人は、親が収監経験者だ（白人は57分の1、ヒスパニックは28分の1）。

男性囚人の43％が黒人男性（全人口における黒人比率は14％）、黒人男性の15人に1人が収監されている（白人は106人に1人）。23歳までに黒人の49％、ヒスパニックの44％、白人38％が逮捕を経験するという（軽い交通違反等は除く）。多くが麻薬関連で、1982年の「麻薬との闘い」政策で麻薬取り締りが強化され犯罪数を増やした。さらに94年に、3回目の犯罪では厳罰を科すという連邦法（Three Strikes Law）、州法が成立し、収監者数が激増した。2001年には黒人の6人に1人は収監経験者だが、同年生まれの黒人男子は3人に1人が一生の内に収監を経験するという予測だ（NAACP資料）。

警察は、怪しい人物の「ストップ&身体チェック」を行うが、ステレオタイプに基づく「人種プロファイリング」の使用（人種によって犯罪嫌疑をかけること）は、人種差別であり、憲法の平等保護に違反する。しかし、黒人はより頻繁に警察官にストップや身分証明書提示を求められ、暴行を受け、逮捕、起訴、より厳しい刑を受ける。それが黒人の犯罪数を増やしている。ヒスパニックも、そして01年9・11テロ攻撃以降はアラブ、ムスリムも、より頻繁に捜査や取り締りの対象にされている。

近年警察官が武器無所持の黒人に過度の暴行や射殺する一連の事件が発生している。その情況が、現場に居合わせた人々によって撮影され、ソーシャル・メディアに流され、TVのニュースとなると、全米各地に抗議デモが広がった。特に12年にフロリダ州マイアミで17歳の黒人少年が地域自衛団の白人男性に射殺され、翌年に加害者が無罪となると、「黒人の命は大切だ（Black Lives Matter）」のハッシュタグをつけたネットでつながる運動が始まった。14年にミズーリ州ファーグソンでの黒人殺害事件が起きると、大規模抗議デモとなった。失業、低賃金、日常的に経験する差別等で鬱積したフラストレーションや怒りは、警察官（しばしば白人）による黒人射殺事件を引き金に、人種衝突、憎悪へと発展し、16年7月にはテキサス州ダラスの抗議デモで、

図1　パート＆フルタイム労働者の時間あたり賃金格差（教育は同一、2015）

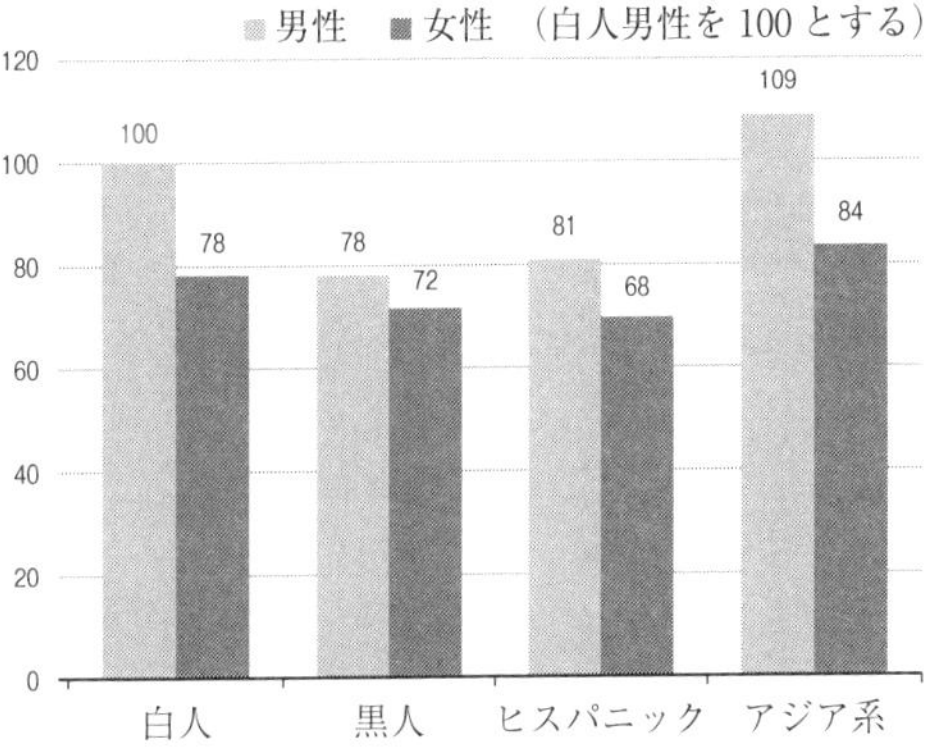

Pew Research Center, 2015 Current Population Survey

白人警官5人が黒人によって射殺された。

「黒人の命は大切だ」運動は、かつてのマーティン・ルーサー・キングやジェシー・ジャクソン等の強力な指導者の指揮による運動と異なり、主としてネットで拡散した運動だ。警察も、犯人や容疑者に対する過度の力の行使の回避を論じてきたが、トランプ政権になって取り締り強化姿勢を打ち出している。トランプ自身「容疑者をあまり寛容に扱うな」とスピーチしている。この運動は、人種差別、台頭する白人至上主義に抵抗する力として、また黒人の社会的経済的改善につながる広汎な社会運動として持続していけるだろうか？

住居の人種分離、学校の人種分離、統合、そして？

1910～70年に600万の黒人が南部から北部工業地帯に大移動したが、70年代以降、北部での産業構造の変化で仕事が減り、南部への回帰が進み、57％が南部州に居住している。住居差別は禁止されているとはいえ、連邦政府や市の人種分離的住宅政策、ゾーニングによる人種分離、黒人の収入や資産の少なさ等の理由で、貧困層はインナーシティ（都市）のゲットーに閉じ込められ、一部がミドルクラス地域に流入すると、白人はそこから流出するという形で、居住地の人種分離が進んだ。

居住地の人種分離は学校の人種分離となる。白人多数の学校と比べ、黒人の多い学校の教育環境は劣悪であった。「学校の人種分離は本質的に不平等」であるから、公立学校の人種統合が求められた（54年「ブラウン判決」）。居住地が人種分離している中、70年代にはバス通学による人種統合が広く実施され、白人は阻止行動、私立校への転校、引越で抵抗した。しかし、バス通学は80年代から減少し、90年代にはほとんど消えた。

人種配慮の統合化策（生徒の人種を配慮して入学先を割り振る等）も、次第に、憲法の平等保護違反とされるリスクを伴うようになったため、近年は、人種中立のアプローチとして、新設校設立場所の配慮、学区の設定の仕方、学校選択オプション、マイノリティの積極的リクルート等々が使用されている。

では、「ブラウン判決」から60年の今日、学校はどの程度人種統合されたのか？ 90年代までは統合度は上昇したが、２０００年頃をピークに再分離が進み、今は60年代とあまり変わっていない（平均的には黒人生徒は白人30％の学校に通学）。特に北部のインナーシティでは、「人種分離し不平等」な現実が継続している（Economic Policy Institute）。

近年は、「学校の人種統合」よりも、居住地の人種分離を前提にして「補充教育」に力を入れる傾向が強い。黒人母親の教育レベルの上昇が子供の教育達成上昇に貢献していることもあり、教育達成のギャップは多少縮小している。しかし、多くはまだ劣等な教育環境に置かれており、教育を通して社会上昇を手に入れるチャンスは限られている。

5　アファーマティブ・アクションをめぐる攻防戦

公民権運動が生んだ重要な政策として、アファーマティブ・アクション（以下ＡＡ）がある。61年、ケネディが最初に、政府契約において人種、宗教、皮膚の色、出身国にかかわらず雇用の平等を要求するＡＡを発令した。ジョンソンはそれを引き継ぎ、65年の大統領令で、連邦政府および政府と関係のある組織に対し、「過去における差別の結果を是正するための積極的措置（ＡＡ）」の実施を要求した。それは、特に、黒人に対する長い過酷な差別の歴史に鑑み、平等の達成には「64年公民権法」による「差別禁止」という消極的アプローチでは不十分であり、「結果の平等」をめざす積極的アプローチが必要であるという考え方だった。女性たちの要求を受けて、67年にＡＡ対象に「性」が加えられた。

ここでは、人種、特に黒人に焦点を置いて論じる。ＡＡの50年間の軌跡は、アメリカ社会の「人種」をめぐる平等規範の変化を反映している。

「人種配慮の差別是正策」と白人からの逆差別訴訟

70年代には、特に教育と雇用分野でクォータ（割当）制を含む強いマイノリティ優先策が実施され、それが「社会正義」として受入れられていた。しかし、70年代後半になると次第に社会潮流は保守化し、マイノリティ優先によって自分たちの利益が侵害されていると感じる白人の間に、AAへの不満が高まり、逆差別訴訟が増えた。

81年に登場したロナルド・レーガン大統領はAAの制限的解釈を打ち出し、AAは政治的・イデオロギー的な激しい対立点となった。レーガンによる保守的判事任命によって、法廷もAA制限の方向に転換した。

90年代になると、AA批判派は大学の入学制度に矛先を向けて反対運動を展開したため、大学はAAをめぐる攻防戦の舞台となった。競争率の高い選抜的公立大学は、マイノリティ（黒人、ヒスパニック、ネイティブ・アメリカン）を増やすための人種配慮の入学政策を採用してきたが、特に、マイノリティに対する「数的割当」「特別点数付与」「別枠方式」は、AA反対派の攻撃の的となった。

カリフォルニア大学デイヴィス校医学部は100人中16人をマイノリティ枠とする入学政策を採用していたが、不合格となった白人男性が訴えたのが、有名なバッキー訴訟だ。78年の最高裁判決は、数的割当制を違憲としたが、合否決定に「人種を複数の配慮要因の一つとして限定的に用いること」は合憲とした（Univ. of California v. Bakke）。

この判決は、「人種を配慮するAA」の正当化理由として、「過去における差別の是正」

と「人種的多様性の達成」の二つの要件を認めた。しかし雇用分野では次第に、「過去における差別がなくても、現時点でマイノリティ・女性が過少活用であるなら、その是正のためのＡＡは認められる」という解釈に替わった。教育関連では「人種的多様性がもたらす教育的プラス」が中心となり、かつ、人種使用を一層制限する方向で動いた。

何が争点なのか？ ①憲法の「平等保護」と64年公民権法の「差別禁止」は共に、「人種による平等な扱い」を要求する。一方、ＡＡは、黒人がグループとして受けてきた差別の是正のためには個人的アプローチでは不足だから、黒人をグループとして配慮することを要求する。両者の調整は次第に、「人種の制限的使用」は認められるという解釈となった。②ＡＡ反対派は、人種のグループ化をやめて、あくまで「個人のメリット」に基づく評価を要求する。過去の差別には責任がないのにＡＡによって利益を侵害されたと感じる白人や、黒人の社会的成功者の一部も反対する。ＡＡ反対派の急先鋒は黒人ビジネスマンだったし、最高裁のクラレンス・トーマス黒人判事（保守派）も反対だ。能力的に劣等だからＡＡが必要だという黒人劣等視になるし、人種の特別扱いは「カラーブラインド」あるいは「人種無視」社会の達成の妨げになると主張する。一方、オバマや黒人の元国務長官コンドリザ・ライスやコリン・パウエルは、ＡＡに後押しされたとして支持している。

ＡＡ反対派が起こした訴訟で大きな関心を呼んだのが、ミシガン大学の二つのケースだった。最高裁は2003年、マイノリティに「特別点数付与」する学部入学政策について、人種が個人を特徴づける決定的要素となっており、応募者が個人として十分な評価を受けることを困難にしているという理由で違憲とした。一方、マイノリティが孤立感、疎外感を感じないような割合（10～15％）を維持するために人種を配慮要素の一つとして使用した法学院の入学政策については、人種の使用は十分に限定的であり、応募者は個人として評価されているとして合憲とした。

「人種差別是正策」から「多様性の価値化」へのシフト

ＡＡ反対派による一連の訴訟および住民投票による州法改正作戦が続き、カリフォルニア、フロリダ、アリゾナ等の数州でＡＡは廃止された。ミシガン州でも、最高裁判決後の06年、住民投票で大学入学における人種使用禁止の州憲法改正が成立した。

人種配慮のＡＡ廃止は、マイノリティ入学者の減少を招いた。カリフォルニア大等の選抜的州立大は、人種中立的代替策として、州内高校生については「在学校での成績がトップＸ％に入学保障」、あるいは、「社会的経済的状況配慮（親が低所得、家族内に大卒がいない、めぐまれた居住環境ではない、困難な状況の克服等）」を使用するようになった。

テキサス州は、州人口における黒人比率は12％だが、テキサス大における黒人学生比率は5〜6％と低かった。そこで、オースティン校は、州内の応募者については、学部入学の75％をトップ10％方式で決め、25％は応募者の成績に加え人種を含む複数の個人的ファクターで決定するという方式を採用した。この25％枠における人種使用に対し訴訟が起こされたが、最高裁は16年、学生の多様性達成のための人種配慮を合憲とした。

とはいえ、このような人種配慮の入学政策が将来的にも合憲とされる保障はない。最高裁判事の構成が変われば、ＡＡの解釈も変わりうる。トランプはすでに保守的ニール・ゴーサッチ判事の任命に成功したが、在任中にさらに何人かの保守判事任命のチャンスを持てば、ＡＡの行方に大きく影響しうる。

人種配慮がリスク要因となる中で、人種中立的代替策として、地域の高校との結びつきを強めるパイプライン・プログラム（サマー・キャンプ、メンタリング・チュータリング、サポート・プログラム提供）、応募者プール拡大のための積極的リクルート活動、等が実施されている。

黒人の多数はまだ底辺であえいでいるが、平等達成には、人種配慮を正面に立てることを回避し、「機会の平等保障」と「個人的メリット」に基づくアプローチで十分だと変わってきた。すなわち、「人種による社会構造的、制度的差別によって、機会はそもそも不平等であり、黒人のメリットは妨げられているから、人種を配慮して平等化しようとする理論と政策論」から離れて、「個人の所得の低さや生活・教育環境の劣悪さを配慮することにより、機会の不平等を是正しようとする伝統的理論と政策論」へと回帰している。

ＡＡは、かつて「差別的結果の是正策」として始まったが、今では「学生の多様性がもたらす教育的利益」の価値化がＡＡを支える理論となっている。学生の人種的多様性と多文化は、異なる視点、意見との出会いとなり思考の深化、学習効果の上昇、異文化理解、人種分離の解消に貢献し、複数的、民主的社会に積極的に参加する市民を育てる、という教育効果が強調されている。

「多様性の価値化」は、学生構成だけでなく、カリキュラム構成、研究者構成等広い範囲で使用されているが、職場においても広がっている（ホーン川嶋04）。

6　日系アメリカ人の歴史と今

アメリカに移民した一民族がどのような途を歩み、社会的地歩を固めていったのか、具体的事例として、日系人を取り上げ、排除・差別から権利要求、階層上昇への１５０年の劇的な移民史を見てみよう（東、飯野、Yano、ベフその他参照）。

アメリカに来た日本人パイオニア移民

アメリカに来た初期の日本人には、船の難破後アメリカ船に救助されたジョン万次郎、幕末の幕府派遣使節と留学生、藩費留学生（長州や薩摩）、新島襄等の個人密航者がいたが、1866年には海外渡航が解禁された。明治になって、国費留学生と上層家庭の子弟たちの東部エリート大学への留学が始まった。岩倉具視使節団には留学生43人が同行。80年代には私費留学が増加、多くはサンフランシスコでアメリカ人家庭の住み込み家事使用人として働きながら通学したスクールボーイ（書生）だった。

「労働者移民」は、1868年の「元年者」150人のハワイ渡航によって始まり、サトウキビ、パイナップル農園で過酷な状況で働いた。85年からは政府がかかわる「官民移民」、その後は民間業者斡旋による移民となった。政府の移民後押しには、貧困地域の余剰人口の軽減（和歌山、広島、山口、福岡、熊本、沖縄が多かった）と送金による外貨かせぎのねらいがあった。1900年には6万人にも達したが、ハワイのアメリカ属領化で「労働契約移民」は禁止され、多くが本土西海岸に移住した。

カリフォルニア州では、まず旧会津藩士ら約40名が1869年に、サクラメント北東のゴールド・ヒルで茶と養蚕の「若松コロニー」を始めたが、2年で消滅。しかし、75年カリフォルニアに移住し「ブドウ王」「ワイン王」と呼ばれた長沢鼎、「ポテト王」牛島謹爾のような成功者も出た。

ゴールドラッシュ（1848－55）と鉄道建設で、まず多数の中国人移民が流入したが、大陸横断鉄道も1869年に完成し、余剰の低賃金労働者として排斥運動が広がった。82年「中国人排斥法」によって移民禁止（本章2）、その代替労働者として日本人移民が流入した。90年頃カリフォルニアへの労働者集団移民が開始し、間もなく留学生数を上回るようになった。1900年の日系人口は2・4万人に達した。

多くが若い男性の出稼ぎ労働者で、農場、漁業、鉄道建設、炭鉱、製材所、缶詰工場で低賃金で働き、貯金、送金しやがて帰国した。都市では洗濯屋、八百屋、庭園業が多かった。1900年代に入ると、土地の開墾と入植が始まり、農園経営、農業組合や共同の出荷・販売を行うようになり、店舗経営者も出てきて、日系コミュニティが形成されていった。労働力斡旋事業や日米新聞発行をし「大和コロニー」を設立した我孫子久太郎、「国宝ローズ」で成功し「ライス・キング」と呼ばれた国府田敬三郎等のリーダーが出てきた。

排日運動、移民禁止、帰化権否定、結婚制限、土地所有制限

東部では東欧・南欧移民激増に対する反移民運動が高まっていたが、西部では反アジア

移民運動が広がっていた（本章2）。日本人移民が増えるにつれて、低賃金で勤勉に働く日系人が職を奪うという反感や、日系人の農業での成功への反感、日清・日露戦争で勝利した日本への脅威から、反日感情が高まり、メディアもそれを扇動した。サンフランシスコ市では1906年、公立学校での日本人児童隔離条例を制定した。西部地域で「日韓人排斥同盟」が結成され、連邦政府に移民制限を働きかけた。

排日運動が高まる中で、日米政府間に07年「紳士協定」が結ばれ、日本政府は自主的に労働者移民のアメリカ渡航を禁止した（見返りにサンフランシスコでの「児童隔離」を撤回）。しかし、家族呼寄せは認めたため、日本に行って結婚し妻を連れて帰米した人もいたが、ゆとりのない人々は写真交換で結婚して花嫁を呼寄せた。しかし、アメリカでは「写真花嫁」に対する批判が強く、日本政府は20年に写真花嫁への旅券発行を停止したが、それまでに7万人ほどの女性が渡米したと言われる。その後は日本に行って結婚して連れて帰るという形で女性流入は続き、二世が誕生した。日本人労働者移民はそれまでの若年男性の出稼ぎ型から、家庭をもった定着型へと質的に大きく変わっていった。

「1917年移民法」がアジアからの移民を禁止したが、日本人は「紳士協定」によって家族呼寄せは許されていた。しかし、「1924年移民法」の一部として制定された「アジア人排斥法」が、「帰化不能外国人の移民禁止」を規定したため、日本人移民の途は完全に閉ざされた。2年前の22年に、タカオ・オザワがアメリカ市民権を要求して起こした訴訟で、最高裁は、「日本人は帰化不能外国人である」と判決していたからだ（Ozawa v. US. 本章2）。移民禁止の最後の駄目押しとなった同法は、「排日移民法」とも呼ばれる（留学生やビジネス、観光渡米はまだ可能だった）。しかし、日系人口は出生で自然増していった。

多くの州が白人と黒人間の結婚を禁止する州法をもっていたが、カリフォルニアでは、1850年に白人と非白人間の結婚を禁止する「異人種間結婚禁止法」を成立させた。さらに1900年からの一連の反日州法によって、日本人の日本人以外との結婚を禁止した。したがって、日系人は日系人同士で結婚する他なかった。二世女性（アメリカ生まれのアメリカ市民）が一世男性（日本人）と結婚すると、米市民権を剝奪された（本章2、22年既婚女性法）。

日系人の多くは農業で生計を立てていたが、小さな農地を効率的に使用して生産性と質の高さを達成する日系農家に対して、白人農家の反感は強かった。11年以降カリフォルニア州その他で「外国人土地法」が成立し、「帰化不能外国人」の農地所有と一定年数以上（3年）の賃借（小作）、賃貸を禁止した。日系人が、子供（アメリカ生まれの二世）名義での土地購入で対応すると、同法回避とみなし、帰化不能者（一世親）が資産管理者になることを禁止した。さらに、未成年の二世の土地所有を禁止して抜け道をふさぐというように、農業での生計に厳しい制約をかける方策が次々に取られた。これに対し後に日系人数人が、訴訟を起こして対抗したが、この種の州法すべてが廃止されたのは66年である(後述)。

一世日本人と二世アメリカ人

一般用語としては、一世は日本生まれの日本人移民を指し、一世親の子供が二世、その後は同様に三世、四世と続く。しかし、アメリカの日系人に関しては、上述の「24年移民法」によって日本からの移民が停止し、戦後の再開までずっとストップしていたために、特異な構成と特徴をもった。

一世は、24年の移民停止以前に移民した日本人たちだ。上述したように、07年「紳士協定」で労働者移民は停止したが、家族呼寄せで女性が流入し、家庭をもって定着し、24年に移民完全禁止となった後も、出生により人口が増えていった。都市の日系人の多くが、人種差別的居住地隔離策のために、また差別に対抗するために、ニホンマチ、ジャパンタウンの日系コミュニティを作って居住し、日本語で話し、日本人としてのアイデンティティを維持した。彼らはずっと日本国籍であった。その理由は、「1790年アメリカ帰化法」が、帰化資格者を「自由白人」に限定しており、上述1922年「オザワ判決」も、「日本人は帰化不能者」としたからだ。一世日本人が帰化権を得たのは、52年の「移民&

国籍法」による。

二世は、多くが10～40年間にアメリカで生まれた日系アメリカ人だ。彼らがアメリカ市民である理由は、1868年憲法修正第14の「国籍出生主義」のためだ。二世の多くは日系コミュニティ内で生活していたが、アメリカの学校に通い、「100％アメリカ人」になる努力をし、放課後は日本語学校に通ったが、外では日本語を避けた。日本で教育を受けた帰米二世もいる。戦前帰米者もいるが、多くは戦後の帰米者だ。ずっとアメリカで教育を受けた二世たちとの間には考え方の違いも多く、時に対立も生じた。戦争時にちょうど青年期であった二世は、一世とは異なる形で大きな犠牲を払った世代だ。他人種間結婚を禁止する州法のため、二世はほとんど二世同士で結婚し、三世を生み、戦後の日系コミュニティのリーダーとなった。

第二次大戦中の強制収容の経験

1941年12月7日の日本軍によるハワイ真珠湾攻撃で、第二次大戦が始まった。すぐに日系人社会の一世リーダーたちの逮捕が始まり、翌年2月にはフランクリン・ローズヴェルト大統領令9066号が出され、西部防衛の任にあったJ・L・デウィット副将軍は、西部軍事ゾーン（西海岸全域）内のすべての日系人に3週間以内の退去を命令した。金銭的ゆとりのあった5000人ほどは自主退去し、残りは手に持てる物だけを持って集合所に集められ、強制的に10カ所の収容所に送られた。

強制収容された12万人のうちの6割、7・2万人が二世アメリカ市民であり、大半は15〜30歳、17歳前後が一番多かった。幼児も、孤児も、混血も16分の1以上日系の血が入れば対象となった。ハワイ日系社会の主な指導者たち、さらにアメリカ政府の要請によって南米（ほとんどペルー）から強制送還された日系人2100人も収容された。

筆者は、2013年9月に、ロサンゼルスの全米日系博物館と強制収容所の一つマンザナーを訪れた。ここは、同市から北東370キロほどの距離にあり、4400メートルのホイットニー山を含むシエラネヴァダ山脈とインヨー山脈に挟まれた標高1200メートルの平地にある。夏は暑く、冬は氷点下近くまで下がる。降水量の著しく少ない砂漠地であり、盆地を走り抜ける強風が砂塵を運ぶ。厳しい自然環境だ。かつて先住民が住んでいたが、金その他の鉱物が発見されて鉱夫の流入と白人植民者による牧場経営で栄えていた。やがて水源を求めてロサンゼルス市がこの辺一帯の広大な地域を購入し、市に水路で送水したため、農業用水が枯渇し、ほとんど砂漠化した無人の地になっていた。ここを陸軍が同市から賃借し、周囲を有刺鉄線で囲み、8つの監視塔を置き、多数のバラック長屋を応急に建てて、約1万人を収容した（ここは今は国定史跡となり、マンザナー資料館が設置されている。なお、ユタ州のトパーズ収容所が17年7月にトパーズ博物館として開館した）。

強制収容所では1943年2月に、17歳以上の全員に出所許可申請書が配布された。その中にあった「忠誠登録」が日系人の間に多くの混乱と対立を生んだ。これは、忠誠についての二つの質問、「命令を受けたらアメリカ軍隊の戦闘任務に服するか」「アメリカに忠誠を誓い、日本への忠誠を拒否するか」に対する回答によって、「忠誠的日系人」と「不忠誠日系人（両質問にＮｏと答えた者でＮｏ－Ｎｏボーイと呼ばれた）」を振り分け、不忠誠者はチューリレーク収容所に送られた。忠誠者には陸軍従軍資格を与え、また仮出所を認めた。ハワイ日系二世から成る第100大隊に収容所の二世志願兵を加えて第442連隊戦闘部隊が編制され、仏伊で戦い、全米の部隊中最大の戦死傷率（死者9000人）という犠牲を払いつつ、米軍史上最多の武勲章と名誉戦傷章を受けた。3万近い二世がアメリカへの忠誠を示して従軍し、日系人の名誉回復に貢献した。

出所した二世たちは中西部や東部の大学に入学したり、工場や農場で働いた。収容所は45年11月に閉鎖され、1人25ドルと汽車かバスの片道運賃を与えられて追い出された。多くは行く先のあてもなく西部の元住んでいたところに戻ったが、資産はほとんど失われており、ゼロからの再出発であった。従軍した二世たちに、帰還兵士の社会復帰を援助するＧＩ法による大学入学、職業訓練等の機会が与えられたことは、生活建て直しに役立った。

戦後の日系社会のリーダーとなったのは、彼ら二世たちであった。

なぜこのような重大な人権侵害が簡単に生じたのか？

いくつかの要因を見てみよう。

①人種差別が当然という時代背景があった。日系人が多く住んでいた西部では、20世紀に入って反日感情が著しく高まり、さまざまな差別措置がとられたが、その延長線上に戦争勃発、真珠湾攻撃はアメリカ人の排日感情を爆発させた。対戦国でもドイツやイタリア系は監視下に置かれただけで強制収容はされなかったが、日系人は二世アメリカ市民も含めすべて「敵性外国人」として扱われた。

②人種偏見および戦時体制の中で、憲法が保障する人権の侵害であるという声は、アメリカ人の政治・司法関係者の間からほとんど出なかった。例えば、アール・ウォレンは、後に連邦最高裁長官となり、人種分離は差別とした「54年ブラウン判決」を始めとする人権保護の多くの判決を出した人物だが、戦時中はカリフォルニア州司法長官として日本人の強制収容を先導した（彼は後になってその過ちを認めた）。

日系人の間にも、権利侵害に抗議するよりも、アメリカへの忠誠を示すことがベストだという考えが強かった。「日系アメリカ市民連盟（ＪＡＣＬ）」は、29年に日系人の権利を守るために設立された組織だが、強制収容が始まると、アメリカへの忠誠を強調してスムーズな収容所行きに協力した。二世女性ミチ・ウェグリンは、収容所行きについて当時の日系人は、「真珠湾奇襲という卑怯な日本の行為に対し、自分たちには責任はないと思いつつも、どんな犠牲を払っても、自分たちが愛する国アメリカに対し償わねばならないという気持ちだった」と著書に記している（後述）。

③ひどい差別的社会にあって、そもそも抗議の声を上げることは困難だった。差別に対し我慢することが習性となり、また権威に従順に従うという日本的文化を維持していた。また一世は日本国籍で参政権がなく、二世市民はまだ若く、抗議する政治力をもっていなかった。しかし、夜間外出禁止令、退去令に抗議した日系人がいた。コレマツ、ヒラバヤシ、ヤスイ等は命令に違反し逮捕された。裁判で、強制収容命令は憲法修正第5の「適正な手続き保障」に違反すると主張したが、最高裁は、「戦時にあって、国は軍を信頼し、軍は日系人の排除は軍事上必要であると判断したのであるから正当化される」とし、有罪の下級判決を維持した（43 - 44）。これらの訴訟は40年後の80年代に再審にかけられ、無罪を勝ち取るという重要なケースとなったことは後に述べる。

④日系人は差別から身を守るため、また住居隔離策ゆえに、閉鎖的コミュニティ内に固まって住み、白人との接触は少なく基本的には隔離された世界に生活していた。そのため、

日系人が受けた不正義について白人はほとんど知らなかったし、メディアはもっぱら反日を煽っていたしで、人権侵害を批判する社会的な声もほとんどないまま、日系人たちは収容所に送られたのである。

戦後の差別撤廃運動、差別的法律と制度の廃止

戦後日系人は、一世の帰化権、強制収容の合憲性の再点検、外国人土地法の廃止、帰還した日系兵士の社会復帰支援、雇用・住居差別の廃止等を求めて努力した。

まず「異人種間結婚禁止州法」が廃止され、結婚の自由が保障された。終戦後GHQ（連合国軍総司令部）は日本人の海外渡航を基本的に禁止したが、「45年戦争花嫁法」「46年米軍人婚約者法」によって、駐留軍関係者が結婚、婚約した日本女性のアメリカ入国を認めた。これにより、4万人以上の戦争花嫁が渡米した（数字にはばらつきがある）。50年代の移民の85%が女性だった。48年には、カリフォルニア州の「異人種間結婚禁止法」が、州最高裁による違憲判決（平等保護違反）によって廃止された。この種の州法がすべて廃止されたのは、67年連邦最高裁判決による（Loving v. Virginia, 本章3）。

日本人の移民を禁止してきた移民・帰化法も改正された。冷戦と朝鮮戦争を通して、日本の戦略的重要性が認識され、日本への敵対感情も改善に向かった。52年の講和条約発効

によって、日本政府は国民の渡航を許可できるようになった。日系人は、一世のアメリカ帰化権と日本からの新規移民枠を求めて、連邦議会に働きかけた。「52年移民&国籍法」は、「24年移民法」を廃止し、国別割当を導入したが、欧州枠が85％を占め、アジアからの移民枠は著しく低く抑えるというアジア人差別は続いていた。日本には年間185人の枠が与えられて移民が再開した。帰化権を自由白人に限定した「1790年帰化法」は廃止されて、一世の帰化権が認められ、1955年に1600人がやっとアメリカ市民となった。

アジア移民の激増をもたらしたのは、「65年移民&国籍法」である。国別割当に代わって、西半球12万、東半球17万の上限枠となった。しかし、日本経済は急成長にあり、日本人新移民（新一世）は、年間4000～5000人程度と少なく、その過半数が20～39歳の若い女性たちであった。

カリフォルニアの「外国人土地法」に対しては、日系人2人が法廷で闘った。「オヤマvs.カリフォルニア」（48）、「フジイvs.カリフォルニア」（52）において、連邦裁判所は56年に、同州法を憲法違反とした。66年までにこの種のすべての州法が廃止された。

リドレス運動の展開と成功

日系人が展開した最大の運動はリドレス（過ちを正し、正義を回復する）要求であった。これは、88年に「市民の自由法」（通称、日系人賠償法）の議会通過、レーガン大統領署名で成立という大きな成功を勝ち取った。「人種差別によって日系人を強制収容し、市民の基本的自由と憲法上の権利を侵害した事実」を公的に認め、謝罪と生存者約6万人に対し1人一律2万ドルの賠償支払い、そして強制収容についての正しい歴史を教える公的教育基金の設置が決定し、90年から、その他の人権侵害の犠牲者も加えて総数約8万の日系人に対する賠償と公式謝罪文配布が行われた。

強制収容からリドレスに至るまでには、実に46年の歳月が過ぎていた。なぜそれほどの時間がかかったのだろう？ ①まず、多くの日系人は戦後の生活の立て直しに必死でゆとりがなかった。②差別撤廃要求には、差別を差別として認識することが出発点であるが、日系人たちは長い間、「我慢する」「仕方がない」「波を立てない」という日本的姿勢で差別に対応してきた。③日本の真珠湾攻撃は、アメリカ人を反日で総動員する力になったが、日系人にとっては長い間の心理的負い目として残っていた。④日系人の中にも、一世、二世、帰米組、忠誠登録への回答の差異、従軍志願と拒否、収容によって受けた経済的損失の大きさの違い等、さまざまな差異と対立があり、リドレス要求をするべきか否か意見は分かれ、足並みがそろわなかった。⑤収容は日系人に大きなトラウマを残していた。誇りを傷つけられ、怒り、悲しい思い出であったが、家でも外でも恥ずべきこととして語ることを避け、過去のこととして忘れようとした。

しかし、いくつかの要因が運動を押した。

①「日系アメリカ市民連盟」は、戦後さまざまな差別撤廃のために積極的に活動し、運動の指導的役割を果たした。70年のシカゴ大会でリドレス要求について決議し、運動を始めた。60、70年代には、公民権運動、女性運動、エスニック運動、ゲイ運動も活発化した。日系人のリドレス要求もそのような平等化運動の社会潮流に乗っていた。

②日系二世の間から有力な政治家が出て、連邦議会での日系人の政治力が拡大した。第442連隊の一員として従軍し片腕を失ったが叙勲されたダニエル・イノウエは59年、日系人口が過半数を占めていたハワイが州になると下院議員となり、63年からは上院議員として活躍した。カリフォルニア州サンノゼ市長だったノーマン・ミネタは74年に下院議員に当選(後に商務長官、運輸長官)。その他にも日系国会議員が登場し、リドレスを求めて運動した。ジュラルド・R・フォード大統領は76年、ローズヴェルト大統領令9066号を正式に撤回し、強制収容は過《あやま》ちであったことを認めた。

③二世女性ミチ・ウェグリンによる『屈辱の歳月――アメリカ強制収容所の語られなかったストーリー』(76)は、一般にはほとんど知られていなかった強制収容所での生活を幅広い読者に知らせた。また、政府および軍のさまざまな原文書類(例えばマンソン・レポートは、日系人はアメリカに忠誠であり不穏な動きはないと報告)を調べて、強制収容は軍事上の必要があったという政府の主張には根拠がなかったこと、人種差別によるものであったことを示した。

強制収容は「軍事上の必要」「日系人を危害から保護する必要」からだったという政府側の説明が虚偽であり、真実は「人種差別、人権侵害であり、憲法違反であった」という理論化は、リドレス運動に説得力と活力を与えた。

④三世若者が登場し、二世と共にリドレス運動を押した。三世は40~60年代生まれ、多くが戦後のベビーブーマーだ。日系人は戦後の困難期を乗り越えて経済的にも安定し、三世の多くは中流家庭で成長した。親や祖父母が強制収容の経験を語らなかったので、ほとんど知らないまま育った。20歳代の時、60、70年代の公民権運動、女性運動、ベトナム反戦運動、大学改革運動に触れ、日系・アジア系アメリカ人の権利要求へと目覚めた。大学ではアジア系アメリカン・スタディーズを要求して運動し、カリフォルニア大バークレー校や州立大サンフランシスコ校での開設を達成した。そして、日系人リドレス運動に積極

的に参加した（『日米女性ジャーナル』第10号「日系人特集」91）。

⑤80年連邦議会に「戦時中の民間人の強制収容に関する調査委員会」が設置され、公聴会で750人以上の二世たちが証言した。三世は初めて親の経験を知った。83年に作成された報告書『否定された個人の正義』は、戦時中の日系人収容は機密上必要ではなく、人種的偏見、戦争ヒステリー、政治的指導の失敗であったという結論を出し、議会に1人2万ドルの賠償金の支払いを勧告した。

それに伴いいくつかのリドレス法案が提出されたが、すぐには進展しなかった。日系人たちは、議員への手紙書き、電話作戦、ロビー活動等の草の根運動を展開した。しかし、日系人口はあまりにも小さく（80年全米人口の0・3％）、西部に集中し、多くの議員にとって関心事でもなかった。アメリカは財政赤字を抱えていたし、日本の経済発展、アメリカ進出で日米間経済摩擦が深刻化しジャパン・バッシングが広がっていた。しかし、第100議会（87／88）で状況は変化した。リドレス支持が強い民主党多数になったこと、日系以外にも何人かの黒人、ユダヤ系議員がリドレスを支持したことが有利に働いた。

⑥法廷においても重要な勝利を得た。コレマツ、ヒラバヤシ、ヤスイは夜間外出禁止令、退去令に違反して有罪判決を受けた（43－44）が、後になって、この訴訟において司法省関係者が強制収容の軍事的必要性がないことを記した書類を隠蔽や改ざんしたことを示す

証拠が発見されたことで、再審を要求し、それぞれ83、85、86年に裁判所は有罪の原判決を破棄した。

もう一つ重要な法廷闘争が進行していた。すべての元抑留者とその相続人のために総額270億ドルの損害賠償を要求する団体訴訟（ホリ等v. US, 83）に勝訴の可能性も出てきた。団体訴訟で原告勝訴の場合は多額な賠償額となることを予想して、少額の賠償金ですむ道として、議会は88年に「市民の自由法」を急進展で成立させたのかもしれない。リドレスはいろいろな要素の結びつきで達成された。

日系アメリカ人、新移民の今

日系人口は今わずか130万人、総人口の0・4％にすぎない（2010年センサス）。この数字には、①日系アメリカ人（複数国籍者を含む）、②在米日本人（永住者、留学生、駐在員等の就労者および家族等を含む。観光等の短期滞在者は除く）が含まれる。混血（複数人種・民族）も含まれている。要するに、最大限に拡大した日系人口だ。なお、外務省統計によると、2015年の在米日本人は42万人（米帰化者は除く）、そのうち長期滞在者は24万人、永住者は18万人（海外在留邦人数調査統計、平成28年版）。

今日の日系アメリカ人の主たる構成員は三世、四世、五世である。三世の多くは戦後に

図2　日系アメリカ人の人口

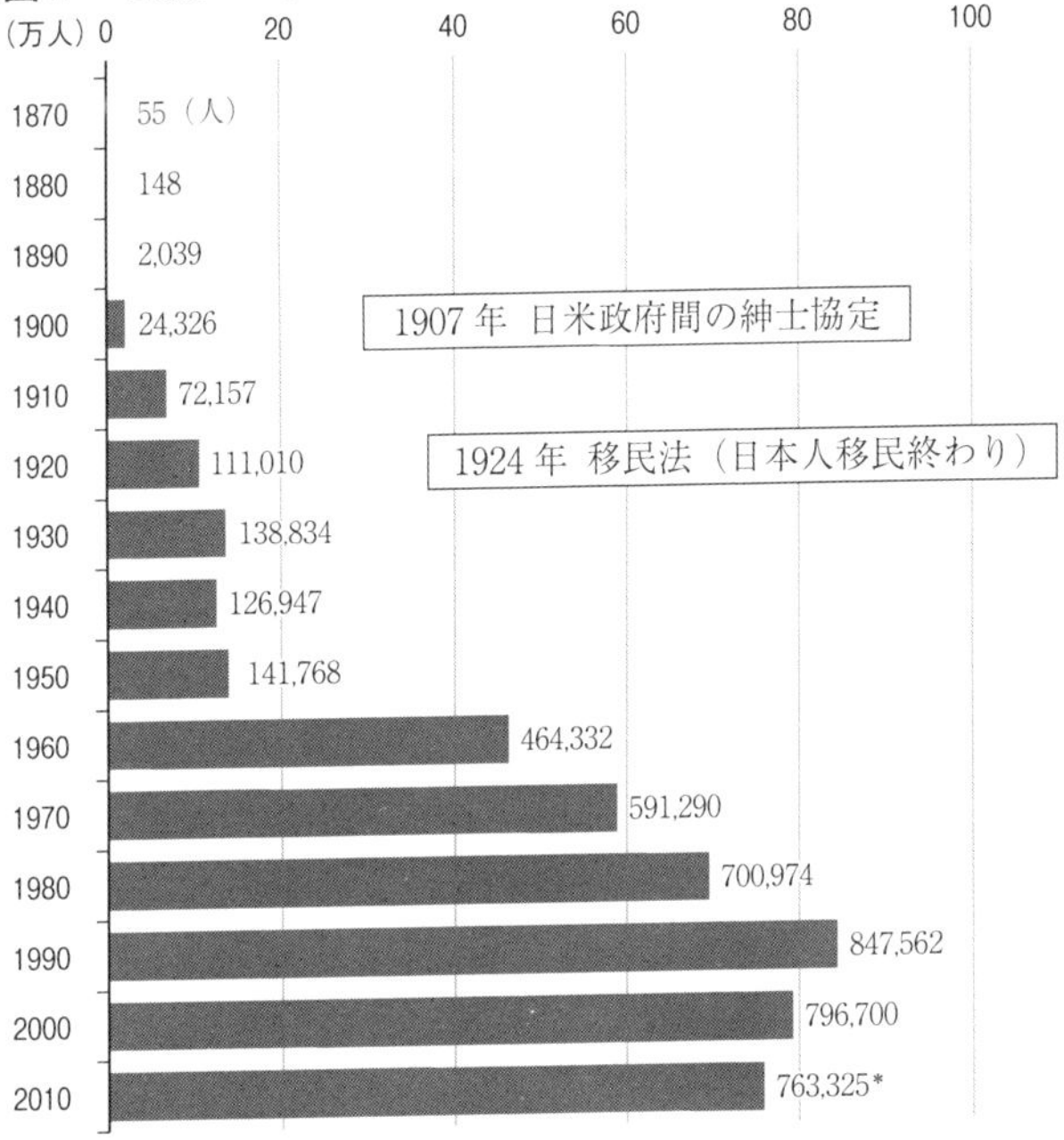

＊763,325人は日系人単独の数字
日系人＋同人種複合＝841,824人
日系人＋同人種複合＋他人種複合＝1,304,286人（アメリカ総人口の0.4%）

・2012年、アメリカに入国した日本人414万人。内訳：学生ビザ6万人、労働ビザと家族ビザ16.7万人、ビザなし（短期）386万人、その他
・同年の日本人永住権取得6,061人、市民権取得1,663人

USセンサスより作成

生まれ、中流家庭で成長した。二世親が三世子供に日本語学習を要求しなかったため英語中心であり、波風を立てず、200％アメリカ人になるように努力し、学校では優秀な成績をあげ、よい仕事に就くことをめざした。かくて三世には、「モデル・マイノリティ」というステレオタイプができた。しかし、学校でジャップと呼ばれるなどで日系人であることに恥ずかしいと感じ、アイデンティティ・クライシスを経験する。リドレス運動への参加は、日系人の歴史とコミュニティの再発見、日系人としてのポジティブなアイデンティティ、誇りの回復となった。

人種差別を経験しその廃止のために闘った三世に対し、四世、五世は差別の少ない時代に生まれ、アメリカ社会に同化して成長した。日本語を話せない、日本を訪問したことのない日系人は増えている。また、人種的多様化が顕著だ。一世、二世の多くが日系人同士で結婚（内婚）したのに対し、三世は20～30％が日系以外と結婚（外婚）し、四世になると内婚、外婚が50％だ。そこからさまざまな混血日系人が出現し、身体的特徴も多様となった。混血のことをハッパと呼ぶが、日本人的外貌がほとんどないハッパ日系人も多い（アジア系は混血が15％を占め、最も混血割合が高いのだが、その中でも日系の外婚は特に多い。逆に非常に少ないのがインド系だ）。

日系人の出生率の低さ、外婚率の高さ、混血児の多さが、「日系人」の定義、アイデンティティを揺るがせている。日系コミュニティはエスニック・グループとして存続していくのか？　それとも希薄化、消滅していくのか？　サンフランシスコ在住の三世シェリダン・タツノは、「日系スタイルは、かつてのモデル・マイノリティというステレオタイプを脱出して、より多様で、オープン、流動的、多文化的になっている。今日の日系人は多様な人種との接触を通して、さらに他人種との結婚を通して、多様な生き方の選択肢を持っている。特にハッパは日系コミュニティの未来の方向を示している」とポジティブにとらえる。

一方、戦後日本からの新移民も流入した。最初の日本人移民は戦争花嫁であったが、子供（多くが混血児）と共に、夫が勤務する軍関連地域に住んでいたため、日系コミュニティとは離れて生活していた。「65年移民法」でアジア人流入は拡大したが、日本からの移民は日本経済の回復で少数に留まった。しかし、60、70年代以降、アメリカ人と結婚した日本人、留学生、アメリカの職場で働く技術者・専門職、日本企業駐在員とその家族が増えた。戦前の一世移民たちとは大きく異なり、これらの「新一世」の多くは高学歴で富裕だ。新一世がアメリカで生んだ日米両国籍の子供、「新二世」も増えた。日本人対象の店舗その他サービス業が発展し、日本語学校も増えた。

日系アメリカ人、在米日本人、日本との接点

かつて多くの日系人が固まって住んでいた日本人街は、衰退、変貌した。強制収容と50、60年代の再開発による日系人の流出（高級アパート化で元住民には手が届かず）、ミドルクラスに上昇した日系人の郊外への移住、60年代の住居差別禁止で居住地の選択肢拡大等が、日系人の拡散を加速させた。日系人は閉鎖的日系コミュニティを出て、アメリカ社会への同化が進んだ。リドレス運動は拡散していた日系コミュニティを再び結びつける機会となった。ニホンマチは今ではサンフランシスコとサンノゼのジャパンタウン、ロサンゼルスのリトルトーキョーしか残っていないが、ここも日本資本流入による観光地化、さらに80、90年代には韓国系、中国系資本の流入で、歴史的面影は消えた。

日系人は、戦時中は敵国日本人と同一視され憎悪と差別の対象にされたが、戦後も日米関係に影響されてきた。日本経済が復興を果たし経済大国へと成長した70、80年代には、日系人のルーツは誇りになったが、日本企業の進出や企業・資産買収への反感が高まったジャパン・バッシングの時代には、日系人にも批判が向けられた。そして90年代以降の経済停滞で国際的地位も低落した「失われた20年」には、中国や韓国の上昇と対照的に、日本への関心は低下した。

しかし、21世紀に入って、「クール・ジャパン」（格好いいニホン）は、かつてのモノ作りによる経済大国を、文化というソフトパワーによって文化大国にした。柔道、生け花、茶道、タイコは古くからアメリカ文化に定着していたが、80年頃からマンガ、アニメが広がり、近年は、ファッション、デザイン、ポップカルチャー、ヒップカルチャー、コスチューム・プレイから和食まで、アメリカを席巻している。原宿ファッション、「カワイイ」は流行語となり、玩具店にはハローキティが並んでいる。スシに人が並び、ラーメン店が急速に増えている。日本経済停滞と共に大学のジャパン・スタディーズ・プログラムも縮小傾向にあったが、最近は「クール・ジャパン」は重要なトピックとなっている。政府も、先行する韓国や中国の政策をまねて文化産業の輸出の後押しを始めた。

図3　アメリカのアジア系人口と構成（2014年）

アジア系総人口＝2031万人（総人口の6%）

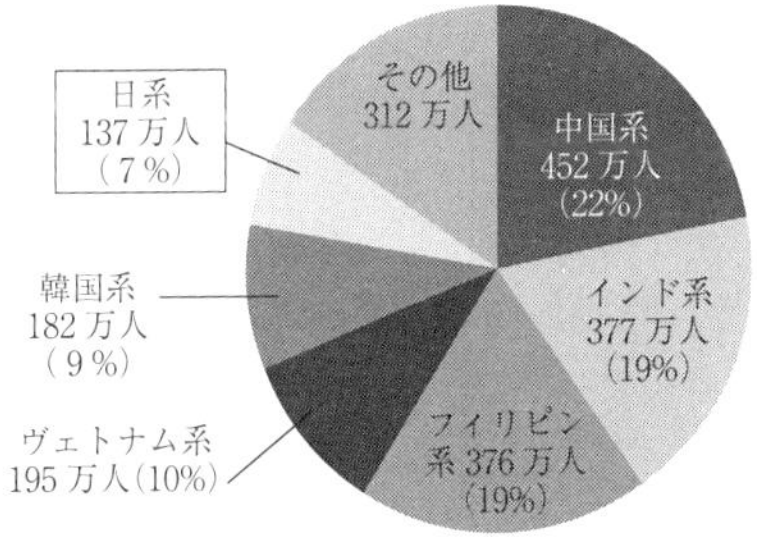

＊米市民（二重国籍も）、移民（合法、不法）、永住者、留学生、就労者等含む
短期滞在者は除く。複数人種記入方式（混血含む）
＊これら6国でアジア系人口の83%以上を占める。中国は台湾を除く

U.S. Census American FactFinder

日系人と在米日本人は、言葉の違い、生活経験や考え方の違い等もあり、またビジネス関係の日本人の大半は数年で帰国するという事情もあり、緊密な継続的関係を築いてきたとは必ずしも言えない。しかし、日本語を話さず人種的にも多様化した今日の日系人若者たちの「クール・ジャパン」への関心は非常に高い。新日本文化が日系人と在米日本人そして日本を結びつける共通項となっているようだ。

「人種カテゴリー」の構築が、人種差別を生み維持してきた。人種・民族の多様化、不定化は、「人種カテゴリー」を脱構築(解体)し、人種差別を撤廃する道となりうる。日系人は、その先端を走っているのかもしれない。日本発の越境的で流動的な文化が、「人種」カテゴリーの脱構築をさらに押し進め、融合的で包括的な共有感を作り出すソフトパワーとなるのかもしれない。

しかし一方で、日系コミュニティの縮小と希薄化は、政治的発言力の希薄化でもありうる。中国系や韓国系アメリカ人の政界進出は増えているが、日系人の政界進出は少ない。かつては連邦議会で活躍した有力日系人議員が数人いたが、近年はむしろ縮小している。シリコンバレーIT企業での「多様性レポート」は、企業トップでのアジア系の少なさ(インド系はめざましく躍進しているが)を明らかにした(本章7)。まだ社会のいろいろな面で微妙な差別が存在する中で、グループとしての政治力、発言力の縮小はリスクも含む。

7　人種・移民は今もアメリカを変え続ける

多数の新しい移民の流入は、人口数、人種構成の変化だけでなく、社会、経済、政治、のあらゆる分野にかかわる広汎で複雑な問題だ。16年大統領選挙で移民問題は激突点のひとつになったが、トランプ政権の登場で、過去に何回か発生した反移民感情、移民排斥運動が再び表面化している。

移民人口4330万人、総人口3・2億人の13％が移民

アメリカの総人口は、15年7月で3億2100万人。人口構成は、1960年代に約85％を占めていた白人（非ヒスパニック系）は62％に減少し、ヒスパニック17％、アジア系6％へと大きく増加、黒人は近年のカリブ海とアフリカからの移民増で13％となった。2065年には、白人は過半数を切って46％、ヒスパニック24％、アジア系14％、黒人13％という予測で、人口構図は大きく変わる（表3）。

人種の定義は長らくセンサスが決めていたが、60年から個人の自己申告になった。ヒスパニックまたはラティノは、中南米、カリビアン等のスペイン・ポルトガル文化系を指す

表3　アメリカの人口と人種構成の変化

（%）

	1960年	2015年	2065年予測
人口（万人）	17,930	32,140	
白人＊1	89	77	-
非ヒスパニック	85	62	46
黒人	11	13	13
ヒスパニック	3	17	24
アジア系＊2	0.5	6	14
その他＊3	0.3	5	3

＊1　中近東・北アフリカ系を含む
＊2　アジア系：パシフィック、極東、東南からインド・パキスタンまでを含む
＊3　ネイティブ・アメリカン、人種混血等

U.S. Census, Migration Policy Institute, Pew Research Center, Current Population Survey より作成

が、人種ではなく民族であり、人種としては白人も黒人もいる。そこで、近年は、①「白人、黒人、ネイティブ・アメリカン、アジア系、その他」とする統計と、②ヒスパニックを独立のカテゴリーにして、「白人（非ヒスパニック系）、黒人（非ヒスパニック系）、ヒスパニック、ネイティブ・アメリカン、アジア系、その他」とする統計の2種類が使われている。

2000年センサスから、人種カテゴリーの複数選択が可能となった。1967年に異人種間結婚禁止州法が違憲として廃止され、60年には結婚の3%以下だった異人種間結婚は、今日は6組に1組に達した（ヒスパニックとアジア系は4分の1、黒人は6分の1、白人は10分の1）。複数人種・民族の混血が増加し、18歳未満の子供の10%は混血。人種カテゴリーの境界線はあいまい化している。

アメリカに住む移民数は、15年には4330万人、人口の13%を占める。人口増の半分は移民による。移民がアメリカで生んだ子供（アメリカ市民）も加えると8400万人、人

口の27％にも達する。移民は出生率が高く、18歳未満の子の25％が移民または移民の産んだ子だ。移民がアメリカの人口数と構成にいかに大きなインパクトを与えているか理解できよう（以下、Migration Policy Institute 資料を使用）。

この統計における「移民」とは、「出生時にアメリカ国籍を持たずアメリカに流入し居住している者」を指し、①帰化市民、②永住者（仕事関連、家族呼寄せ、難民＆亡命者等）、③一時的滞在ビザ所有者（学生＆労働者）、④不法滞在者を含む。

歴史的に見ると、第2節で見たように、1840年代からまず北・西欧移民の波、1880年代から南・東欧移民の波が続いたが、第一次大戦前までは9割がヨーロッパ移民だった。総人口に占める移民のシェアは13〜15％と高かった。1917年、21年、24年の「移民法」による移民制限策、大恐慌と戦争で移民は縮小し、70年には移民の人口シェアは5％を下回った。しかし、「65年移民法」によって、70年代から移民が増加し、65〜15年の50年間に5900万人が流入し、人口シェアは13％と高い。

4330万人の移民のうち、ヒスパニックが45％、アジア系は27％を占め、ヨーロッパ移民は12％にすぎない。出身国を見ると、圧倒的に多いのがメキシコ（1200万人、27％）、続いてインド（6％）、中国、フィリピン（それぞれ5％）。居住州は、カリフォルニアが断トツで1000万人、州人口の27％を占め、続いてニューヨーク、テキサス、フロリダに集中している。

15年に流入した新移民は138万人。インド（18万）、中国（14万）、長年トップだったメキシコ移民は近年減少し3位（14万人弱）に落ち、フィリピン、カナダと続く。

移民のほぼ半数48％、2070万人がアメリカ市民に帰化（二重国籍も含む）。近年、毎年70万人強が帰化する（メキシコ、インド、フィリピン、中国、等）。

永住権者は移民の23％の1300万人。毎年約100万人が永住権を取得する。取得の理由は、「家族呼寄せ」が3分の2を占め、「雇用関連」14％、「難民＆亡命」14％、「多様性ビザ」抽選当選者5％だ。「多様性ビザ」は「90年移民法」で導入され、国別枠があるが、近年は5万人の枠に対し1000万人以上が申請する。

移民の流れを激変させた「65年移民＆国籍法」

「65年移民＆国籍法」（Hart-Celler Act）は、「24年移民法」の人種・国別移民割当制を廃止し、西半球12万人、東半球17万人の上限とした。さらに78年には半球別をやめ、上限29万人にした。「人種中心」の移民政策から、「経済が必要とするスキルや芸術関連」と「家族呼寄せ」優先の移民政策への歴史的転換だった。

60年代の公民権運動は、人種・国別移民割当制を人種差別的であると非難し、改革を要求した。国際的にも批判されていた。ケネディは上院議員の時に『移民の国』を書いている。「選択と行動の自由を制限されない広々とした社会で、新しいフロンティアを求め、生活を打ち立てようとする人々からなる国、それがアメリカだ。移民の貢献は、宗教、政治、ビジネス、芸術、教育、スポーツ、エンタテインメントまでアメリカの生活のすべての面にわたる。移民政策は寛容であるべきだ」と述べ、人種に基づく選別的移民政策をやめ、家族合流を中心とする寛容な移民政策への改革を提案した。それは「65年移民&国籍法」の土台となった。彼自身カトリック・アイリッシュ移民の四世で、プロテスタント多数の国での初めてのカトリック大統領だ。彼の死後、「64年公民権法」が成立したが、移民政策では「65年移民&国籍法」が成立した（本章2）。

この「65年移民法」以後の50年間に5900万人の移民が流入したのだが、ヨーロッパ系移民の減少、ヒスパニックとアジア系の激増をもたらすとは、誰も予測しなかった。移民と移民の産む子供の増加の結果、白人人口は85％から62％に減少、50年後の2065年には、46％にまで縮小するという予測だ。

増加する不法移民に対しては、レーガン政権下で成立した「86年移民改革&管理法」が、300万人の不法移民に滞在許可を与え、他方で、不法移民を雇う使用者への罰則導入と国境パトロールを強化した。

「90年移民法」は、スキル労働者の確保、経済発展への貢献、グローバリゼーションへの弾力的対応をねらって、①移民枠を70万人へと大幅に拡大。②家族関連優先の移民受入れから、スキル中心へと移行。③低スキル労働者移民は上限1万人に設定。④「多様性関連移民」枠の設定（アメリカへの移民の少ない国からの申請者を対象に抽選、5万人の枠）。しかし実際は、同法のねらい通りにいかなかった。「家族関連」は今も3分の2を占め、「ハイスキル関連」は15％と低く、しかもその半数は家族関連であり、実質的スキル関連は7％のみだ。また、低スキル枠を著しく低く抑え、流入を困難にした結果不法移民が増大した。

移民状況は国際政治情勢も反映する。朝鮮戦争、ハンガリー政治動乱、キューバ革命、ヴェトナム戦争、エルサルバドール等の政情不安は、移民、難民・亡命を増やした。「80年難民法」が難民・亡命受入れを規定し、15年は7万人を受入れた。オバマ政権は、16年枠を8・5万人、17年枠を11万人に拡大したが、移民制限姿勢のトランプは5万人に縮小した。

ヒスパニック系、メキシコ系移民の急増

ヒスパニック系移民は、15年で1950万人、移民の45％に上る。トップ4はメキシコ、プエルトリコ（アメリカ領だが州ではない）、サルバドール、キューバ。メキシコ系は116

0万人、全移民の27%を占める。しかし近年、年間流入数はインド、中国に超された。メキシコ経済の好況、アメリカでの仕事の縮小、メキシコの出生率低下、国境警備の強化等で流入が減少し、帰国が増加したためだ。メキシコ系移民の4人に1人はアメリカ市民に帰化しているが、2人に1人、560万人は不法移民であり、不法移民の半数がメキシコ人だ(12年のオバマ大統領令[DACA]のドリーマーズについては次節参照)。

メキシコ系移民は、歴史的に見ると、19世紀末からのアメリカ―メキシコ鉄道建設とアメリカ南西部の安い農業労働力需要に応じて流入した。中国人が「1882年中国人排斥法」で移民禁止となり、代替した日本人も移民禁止となり、さらにその代替となったのがメキシコ系移民だった。1924年に国境警備隊が設置され、許可証を持たない労働者に対し「不法移民」というカテゴリーを作った。大恐慌期間には多くが強制送還された。戦中戦後の労働力不足時には「ゲスト季節労働者制度」を導入し、短期労働者として受入れた。

メキシコ系移民は70年代から急増した。メキシコとの国境は、リオグランデ川、コロラド川、地続きの2000マイルに及び、不法侵入は絶えない。もともと往来型移民だったが、「86年移民法」が不法移民300万人に滞在許可を与えたため、定着型になった。

ヒスパニック系は、農業労働、レストランや家内サービス、販売、メンテナンス、建設等の不可欠な労働力だが、教育達成、所得等の面では、白人・アジア系に比べはるかに低い。しかし、人口増と組織化で近年急速に政治力を拡大しており、投票の動勢にも影響を与えるようになった。とはいえ、低スキル労働者が多く、また不法移民の大量流入源となっているため、アメリカ人労働者の職を奪う、賃金低下になる、麻薬や犯罪を増加させている等、とかく反移民の対象にされてきた。実際には、アメリカ白人労働者がしたがらない仕事をしている場合が多いのだが。大統領選においてトランプは、そのようなポピュリスト的反移民感情に呼応し、不法移民の強制送還、国境塀建設をアピールして票を稼いだ。

アジア系移民——躍進するインド系vs.「バンブーの天井」にぶつかる中国系・韓国系・日系

アジア系移民の増加により、アジア系人口（アジア系アメリカ人と移民）は2100万人を超え、総人口の6％に達した。カリフォルニア州人口の21％、ハワイでは州人口の56％だ。アジア系移民は15年に1200万人、移民の27％を占める。近年のアジア系移民は教育レベルが高く、6割が大卒、エリート層が多い。特にインド系は今では最大の移民グループとなったが、大卒が8割の高学歴スキル移民中心であり、マネジメント、ビジネス、理工系職に集中し、アジア系の中で最高の所得を得ている。アメリカの大企業トップやアントレプレナーに、インド系の活躍が目立っている。アジア系は、ハイスキル労働者ビザの

4分の3を占めるが、インド系だけで56％を占める。

アジア系は、アメリカの大学の留学生の60％を占める（中国、インド、韓国、台湾、日本、ヴェトナム）。特に、工学、数学・コンピュータ、自然科学、生命科学に集中している。

アジア系は「モデル・マイノリティ」というステレオタイプがあり、勤勉で、教育、職業、所得の面で成功している。声高に社会秩序に挑戦するより波風立たせない傾向が強い。それが、ある意味では、アジア系への反感が少なく、アメリカ経済への貢献グループとして受入れられている理由でもあろう。

シリコンバレーの著名なIT企業数社が、女性グループの要求に応えて、14年に発表した「労働者の多様性レポート」が関心を呼んだ。レポートは、①テク職での女性と黒人・ヒスパニックの過少さを示した。②アジア系については、トップへの昇進バリアを浮き彫りにした（女性関連については第2章4）。

アジア系（アジア系アメリカ人&移民）は、これら企業の総労働者の約30％、テク職の30－40％、ハイテク職の実に50％を占め、シリコンバレーIT企業のテク分野を支えている。ところが、幹部職になると、白人が約70％（男性50％、女性20％）を占め、アジア系は約20％、ヒスパニックとブラックは合計で10％未満だ（ちなみに、アメリカ労働者の人種構成は、白人64％、ヒスパニック16％、ブラック12％、アジア系5％）。

アジア系は、シリコンバレーの大企業25社の執行役員の12%、取締役員の6%のみ。アジア系役員が全くいない企業は半数に上る（San Jose Mercury, 2013.1.2）。

要するに、アジア系は教育水準が最も高く、しかも理工系専攻が多いため、テク職には人口比をはるかに超えて集中しているが、リーダー・ポストには少ないのだ。女性がぶつかる「ガラスの天井」に対して、アジア系がぶつかるバリアは「バンブーの天井」と表現された（Jane Hyun, 2006）。

しかし、「バンブーの天井」にぶつかるのは、主として東アジア系（中国・日本・韓国系）だ。対照的に、インド系は躍進している。マスターカード、アドビ、サンディスク、ペプシ等に加え、マイクロソフト、グーグルにもインド系CEOが就任し、「フォーチュン500社」のアジア系CEO10人全員がインド系だ。インド系はアメリカ人口の1%を占めるのみだが、66%はプロフェッショナル・マネジメント職に就き、高収入を誇る。シリコンバレーのスタートアップの33%がインド系による。彼らは革新的テクノロジーの重要部分を担う。経済力、発言力、政治力、存在感を拡大させている。

インド系はなぜ成功しているのか、いくつかの説明がある。①英語のスキル、高い教育レベル、特にテク系での優秀さに加え、アサーティブであり、アメリカの主流企業文化に合致している。②グローバル化は人種・民族・言語・文化の多様性に適応できる人材を必要とするが、インドはまさに多様性の国であり、多様性の中で仕事をするスキルを習得している。③インドはビジネス・インフラが乏しく、ビジネスでの成功は容易でないが、そこでの厳しい試練がCEOに必要な強さや弾力性、コミュニケーション・スキル、短期と長期ビジョンの育成力となっている。

では、なぜ中国・日本・韓国等の東アジア系はトップ・リーダー職に到達しないのか？

①東アジア系文化とアメリカ企業文化の間のギャップ

東アジア系は「モデル・マイノリティ」というレッテルを貼られてきたように、勤勉な働き蜂であり、リーダーに向いていないというステレオタイプは今も強い。権威に従順で、チャレンジしない、リスク回避傾向がある。自分の能力を押し出し宣伝するより、控え目、謙遜、自分を目立たせない。またコミュニケーション・スキルに乏しく、受動的で、発言せず、非社交的でもある。トップとのコネクションやネットワーク、ロールモデルが少ない。メンターやスポンサー等を積極的に求めようとしない。一方、アメリカ企業文化は、リーダーシップ、カリスマ、創造性、リスク・テイキング、自己プロモーション、積極的ネットワーキングを価値づける。会議での積極的発言、提案が重要であり、ミーティングでの無発言は自信のなさ、知識不足と見られる。昇進は要求し獲得するものであり、チャンスが与えられるのを待つのではない。両文化の違いは東アジア系に不利にはたらく。

②東アジア系家庭での教育の問題点

子供に学校で優秀な成績を達成させるためにスパルタ教育する「タイガー・マザー」を描いた、中国系アメリカ人プリンストン大教授の本が話題になった。東アジア系は特に理工系での成功を価値づける。しかし、社会的スキルとか組織内での成功に必要な「ソフト・スキル」の習得は奨励されない（Amy Chua, 2011）。

③アジア系問題の埋没

人種問題は、黒人・ヒスパニック関連が中心であり、企業上層における東アジア系の少なさは不可視のトピックだった。東アジア系は一枚岩ではなく、社会に広く発信するまとまった声になりにくい。強力なリーダーも少ないし、あえて「バンブーの天井」問題に取り組もうとする人は少ない。

このような状況を変えるための戦略として、第一に、東アジア系問題の可視化、第二に、アメリカ的仕事環境の中で昇進はしごを上っていくスキルの習得——アサーティブネス、イニシアティブ、リーダーシップ・スキル、リスク・テイキング、発言力、コミュニケーション・スキル、プレゼンテーション・スキル、サポート・サークル形成等——が重要であると指摘されている。かつて女性たちはガラスの天井を割ってトップへ上るための戦略を論じたが、アジア系の議論にも共通の部分が多い。

中東&北アフリカからのアラブ系移民

歴史的には、1870年頃から、オスマン帝国で迫害を受けたシリア、レバノン、ヨルダン、パレスチナ等のクリスチャンが移民した。彼らは、20世紀初頭の帰化申請をめぐる一連の訴訟を経て、「白人」と認定された。ムスリム・アラブは1944年に法的に白人として認められ帰化権を得た（本章2）。「21年移民法」と「24年移民法」でアジアとアラブ人移民は禁止されたが、48年のアラブ―イスラエル戦争等の中東における政治不安からエリート層の移民が入ってきた。

「65年移民法」以降は、高学歴層のムスリムが政治不安や、よりよい機会を求めて、あるいは家族合流のため流入し始めた。中東&北アフリカからのアラブ系移民人口は約100万人、1年間の新移民は10万人。アメリカにおけるアラブ系人口は約370万人（800万人という推定もある）。センサスでは「白人」カテゴリーに入る。

01年の9・11テロ後に、テロと闘うための移民政策として、同年「アメリカ愛国法」が成立。難民や亡命者のより厳重なチェック、違法滞在者の強制送還が増え、「人種プロファイリング」の対象とされやすい。実際にはアラブ系人口は6割がクリスチャンで、ムスリムは24％だが、政治的に不安定な中近東&北アフリカからのアラブ系移民と難民の増加、テロへの恐怖と重なり、「アラブ」「イスラム教」「中近東」の3要素は重ねられ、反アラブ感情、差別の対象とされやすい（Beydoun, 2014）。

トランプ政権は発足後すぐに、イスラム教6カ国からの90日間の入国禁止策を打ち出し、数州からの提訴で仮差し止め、あるいは違憲判決が出されたが、最高裁によって部分的執行が認められた。テロからアメリカの安全を守るという理由での反イスラム姿勢が濃厚だ（第4章3で詳述）。

不法移民1100万人をどうするか？

不法移民は、14年には1100万人、移民の28％、総人口の3・5％、労働力の5％を占めると言えば、いかに膨大な数かわかろう。「90年移民法」が低スキル労働者移民枠を1万人に限定してから、不法移民が増加したが、アメリカの不況（07－09）をピークに減少している。不法移民はほぼ半数がメキシコ系だが、中南米出身者で8割に達する。不法移民は若いので出産率が高く、生まれる子供の8％が不法移民の子だ。

不法移民の増加と共に、その流入を国境でいかに防ぐか、すでに国内に居住している不法移民をどう扱うかは、重大な政治問題となった。国境パトロールの強化、入国審査の厳重化に加え、強制送還（14年に58万人）もされている。「ゲスト労働者プログラム」の提案もある。トランプは国境塀建設に情熱を燃やしているが、財源確保の見通しは立たない。

86年から何回か不法移民に特赦、合法的滞在権を与えてきた（レーガン政権の時300万人）。オバマ政権は11年に100万人を特赦。不法移民の若者にアメリカン・ドリーム達成のチャンスを与えるため、12年に「ドリーマーズ法」の成立をめざしたが、議会で不成立に終わると、オバマは大統領令DACA（Deferred Action for Childhood Arrivals。ドリーマーズ・プログラムとも呼ばれる）を出した。それは、「不法移民の親に連れられて16歳未満の未成年の子供としてアメリカに来て、07年から継続居住しており、12年時点で31歳以下で在学中か高卒の不法移民に対し、2年間の合法滞在（つまり強制送還の延期）&就労許可を与えるプログラム」であり、更新も可能だ。

さらに「包括的移民法」の制定をめざしたが、これも議会は達成できなかった。そこでオバマは、14年に、アメリカ市民&永住権者の親で不法滞在者を対象に、3年間の合法滞在&就労を許可するプログラムDAPAを発令した。これらの政策により500万近い不法移民に期限付き合法的滞在と労働許可を与えようとした。

しかし、これに反対するテキサス等27州が、DAPAについて、議会による法律制定によって決定すべき事項であり、大統領令で行うのは大統領の権限を越えており、したがって違憲であると提訴した。下級審は大統領令の執行停止を命じた。16年6月に連邦最高裁は、この下級審判決の是否をめぐって、4対4で裁定できないままとなり、結果として、下級審判決が有効となった（最高裁判事は9人だが、欠員のままになっていた）。トランプはこの制度を撤廃した。

ところで、親が子供を連れて不法移民した場合は、親子ともに不法滞在だが、アメリカで産まれた子供はアメリカ市民となる。したがって、不法滞在が見つかり、強制送還を命じられると、家族がばらばらになることが生じうる。

DACAの方は、これまでに80万人のドリーマーズが恩恵を受けた。ところが、不法移民に厳しい姿勢をとるトランプは、17年9月に、DACAの撤廃を発表し、議会に6カ月の猶予を与えて法律制定による事態の解決を要求した。ドリーマーズは、多くが小さな子供としてアメリカに来て長年生活しており、アメリカ以外に故郷がない者が多い。移民抑制支持の強硬派は、違法は違法であり合法化できないと主張する。それに対し、人道的理由および彼らの経済的貢献の理由から、ドリーマーズに永住権を認め、さらに帰化の道を開くべきだとする意見が衝突している（第4章3）。

8　移民はアメリカ経済にプラスかマイナスか？

移民は、アメリカの労働力の17％を占め、そのうち不法移民が労働力の5％を提供するというほど、重要な労働力だ。移民はアメリカにベネフィットをもたらしているのか、コストの方が大きいのか？　受入れ支持派は、ベネフィットを強調し、抑制支持派はコストの大きさを強調する。民主党vs.共和党、進歩派vs.保守派、州や地域の人口や経済構造によって、意見は対立する。

移民アントレプレナーや大企業CEO

支持議論は、移民や移民の子がアメリカの最も革新的なアントレプレナーシップに多大な貢献をしていることを強調する。技術革新の中心地シリコンバレーを見ても、移民がスタートアップした世界的大企業が多数ある。グーグルのサーゲイ・ブリンはロシア生まれ、ペイパル、テスラ、スペースXの創立者イーロン・マスクは南アフリカ生まれ、その他ヤフー、イーベイ、エヌビディア、ユーチューブ等々、リストは長い。

「フォーチュン500社」の4割は、移民や移民の子が創設者だ。移民の起業率はアメリカ生まれの2倍も高く、新しい起業の29％、テク系起業の25％が移民による。これらの企業は大きな雇用を創出している。現在1兆ドル以上の価値のあるスタートアップ企業の半分以上は移民による設立であり、マネッジメントとプロダクト開発の重要ポストの70％は移民が占めている（カウフマン財団アントレプレナー・レポート）。

「90年移民法」は、海外資金による投資と雇用増をねらい、「投資家のための永住権ビザ」も新設した。通常は100万ドルを投資して起業し10人以上雇用することが条件だが、ルーラル地域や失業率の高い地域の場合は50万ドルの投資をすればよく、自ら企業運営することを要求されない。レストラン等の商業施設対象にも利用できる。

外国人のアメリカでの起業を促進するため「スタートアップ・ビザ」の創設が求められ、オバマ政権は任期終了直前に創設を決定したが、実施前にトランプ政権によって停止となり、行く先不明である。

ハイスキル労働者、ロースキル労働者、不法移民をめぐる対立

ハイスキル労働者の需要は高い。アジア系がシリコンバレーのテク労働力の重要部分を担っていることは上述した。フェイスブックのマーク・ザカバーグ等、時代の先端を行くシリコンバレー企業の経営者たちは、スキル労働者の移民枠の拡大を連邦政府に要求している。スキル労働者を求める国際競争は激化している（カナダ、オーストラリア、ニュージーランド等も積極的にスキル労働者を呼寄せている）。アメリカ人学生の理工系専攻は需要に見合うほど増えておらず、外国人留学生、特にアジア系が高い割合を占める。そこで、ハイス

キル留学生が卒業後そのままアメリカ企業に就職しやすいようにビザ支給条件を変えること、さらに、海外ハイスキル労働者の受入れ増加を求めている。

ロースキル移民労働者については、安い労働力の提供により、サービスや製品コストが抑えられるのでベネフィットが大きいという主張に対し、アメリカ人ブルーカラー労働者と競合し、職を奪い、賃金低下をもたらすという反対論がぶつかる。ただし、競合よりも、むしろ労働力不足分野やアメリカ人がしたがらない分野の労働力となっている場合が多く、経済への貢献は明らかだ。

1100万人の膨大な不法移民をめぐる対立は激しい。民主党あるいはリベラル派は一般的に、コストよりもベネフィット（税金支払いや労働力、消費に貢献）の方が大きいと主張し、移民支援策（教育、医療、運転免許証授与等）や一定の条件での滞在の合法化を支持する。オバマ政権がとった政策だ。一方、共和党あるいは保守派は一般的に、不法移民にかかる財政コストの大きさ（特に教育費や医療費）、不法滞在という法律違反を認めることへの反対、麻薬や犯罪の増加、等をあげ、国境塀の建設や取り締り強化、強制送還を主張する。トランプはこの立場だ（第4章）。

実際、不法移民は農業、建設、清掃、ベビーシッターや家内掃除、店舗、レストラン等での重要な低賃金労働力だ。レーガンやブッシュ等が不法移民に対し何回か合法化、帰化の道を開いたのには、人道的理由以外にも、経済的理由がある。90年代以降、一部の州では移民制限、不法移民への厳しい措置（強制送還、使用者への罰則等）をとった。例えば、アリゾナ州では07年、不法移民雇用を犯罪としたが、その結果農業労働力不足で農作物に甚大な被害が生じ、かえって不法移民の重要性を示す結果となった。

9 「国家のアイデンティティ」と「人種・民族グループの文化」の調整

大量移民の流入は、経済だけでなく、国家のアイデンティティや文化までさまざまな分野にインパクトを及ぼす。新しい移民の波を社会の中にどう吸収し、衝突や分裂を避け、国家としてのまとまり、国民のアイデンティティを維持していくか？　これは、「移民の国」アメリカにおいて、歴史的にも常に重要な問題であった。

人種のるつぼ論――主流文化への同化

「人種のるつぼ論」は、次々に流入する多様な人種・民族の移民が持ち込む文化が高炉の中で熔かされ、個々の文化とは異なる「単一の均質的文化」を構成するという考え方だ。南・東欧移民の波が続いていた時代の1908年に「The Melting Pot」という名前の劇が上演されたが、この表現が、アメリカ社会の理想的モデルとして広く使われるようになった。

ヨーロッパ移民中心だった時は、異なる民族や宗派間の衝突、差別、階層化はあったものの、新移民は先着移民が作った主流文化（言語、歴史、社会規範等）を学習し、「アメリカ人」になるよう努力した。子供の世代になると、英語のハンディもなくアメリカ文化に同化し、「均質的アメリカ社会」の一員となった。

20年代には、ポピュリスト反移民運動（nativism）が広がり、人種に基づく厳しい移民制限や禁止、帰化制限策がとられ、人種差別が国家政策として実施された（本章2）。第二次大戦、愛国主義の高揚、戦後の共産主義恐怖の時代も、外国人嫌悪は強く、英語オンリー教育、移民支援策の廃止等、主流文化への同化が強制された。

1880～1930年まで、「野蛮なインディアン」に対して、アメリカ文化への極端な「強制的同化」が行われた。先住民の伝統的社会組織の破壊、子供の寄宿学校でのアメリカ的教育の強制によって、先住民の文化、アイデンティティの抹消を図った（本章1）。「65年移民法」が人種差別を廃止し、多様な移民が流入し、多様な文化が持ち込まれた。新移民とその家族は同じ地域に集まって住むことが多く、さまざまな人種・民族グループのコミュニティが拡がり、その内で母国の言語、文化を維持する傾向が強くなった。そして、人種のるつぼで融合される「単一の均質的文化」は、実は主流のアングロサクソン文化であり、移民が持ち込む文化の多様性を否定し、主流文化への同化を強制するという批判の声を上げ始めた。

サラダボウル論、複数文化主義

「サラダボウル論」は、材料がミックスされそれぞれが大切な要素であるサラダのように、移民が持ち込む多様な文化を上下化することなく、価値づける議論だ。移民が自らの文化を維持することは個人の自由であるし、多様性は創造力になるとして尊重する多文化共存論、多文化主義である（モザイク、キルト等の表現も使われる）。強制的同化（assimilation）や統合化（integration）を否定する。

60〜70年代の公民権運動から、大学では、ブラック・スタディーズ等、多数のエスニック・スタディーズが誕生。これらはアメリカ主流である白人西洋文明に対する多様なマイノリティ文化の価値づけであった。

文化的複数主義、複数文化主義（マルティ・カルチュラリズム）は、学校教育にも取入れられた。異文化への寛容さと理解だけでなく、新移民支援策も採用された。バイリンガル教育、英語補習教育、アファーマティブ・アクション、各種社会サービス給付（医療等）等、新移民支援に公的財源が投入された。

しかし、異質な文化の流入と拡大は、西洋文明を土台とするアメリカの主流社会に対する脅威と感じられるようになり、進歩主義に対する保守派の反撃が始まった。80年代には、レーガン大統領の保守主義の中で、「多様性による分断」ではなく、アメリカの「統一性」を求める声が高まり、マルティ・カルチュラリズム批判、移民政策のコスト負担反対、英語が公的言語、バイリンガル教育反対の声が高まった。

90年代には、移民制限、不法移民への厳しい措置（強制送還、使用者への罰則等）、一部では、不法移民の学校入学や医療サービス禁止、バイリンガル教育廃止、学校におけるエスニック・スタディーズの縮小、不法移民の授業料は州外居住者扱いとする州も増えた。

文化戦争、「ポリティカル・コレクトネス」への攻撃

60年代後半に登場し発展したジェンダー・スタディーズ、エスニック・スタディーズは、伝統的西洋文明中心、男性中心の知を批判し、知の変革を求めた。大学で何を教えるべきか、「カリキュラム論争」が展開したが、西欧文明中心のリベラル・アーツ教育を否定し、多文化、ジェンダー、人種等を組み入れる方向へと改革された（第2章7）。

しかし、80〜90年代には保守派の反撃が始まり、フェミニズム批判、アファーマティ

ブ・アクション批判、大学カリキュラムの西洋文明中心への回帰を進めた。進歩派と保守派のイデオロギー的論争は、「文化戦争」（cultural war）と呼ばれた。

また70年代以降の進歩主義の中で、マイノリティや女性や同性愛者についての適切な表現、行動が「ポリティカル・コレクトネス」（political correctness）として規範化された。それに反する不適切発言や行動は、「ポリティカル・インコレクトネス」であり、レイシスト、セクシスト、ホモフォビアとして非難されるリスクを伴った。

それに対し、90年代には、保守派論客が、「左派によるポリティカル・コレクトネス規範の強制が自由な言論の抑圧となっている」と攻撃を始めた。違反を恐れて人々は発言を慎み、自由な発言を避け、心理的抑圧になったという批判だ。

今日、異なる人種、民族、ジェンダー、セクシュアリティ、文化、宗教等への理解・尊重が大切であり、差別的発言は社会的に容認されないという社会的規範は定着した。しかし、建前とは別に本音が抑圧された形で残っている。16年大統領選で、トランプは、「ポリティカル・インコレクトネス」を声高に口にし、発言を抑圧され鬱憤が蓄積していた白人層にアピールした。大統領になってからも「ポリティカル・インコレクト」発言を続けている（第4章）。

多様性の価値化

「国家のアイデンティティ」「国家としてのまとまり」を保ちつつ、「人種・民族グループのアイデンティティ」も尊重されるというバランスはどこにあるのか？ 近年は、「多様性の価値化」が、全体とグループを調和させる社会ビジョンの柱となっている。

「多様性の価値化」は、60年代からの公民権運動と平等化の進展の中で強調されるようになった。人種、民族、ジェンダー、性的指向、身体的能力、宗教、社会階層、出身国、その他の個々人の差異について、単なる寛容を超えて、積極的に理解し、同質性よりも多様性こそがより価値あるものを生み出すとポジティブに位置づけるものだ。

「多様性」の重要性は、まず、教育における「学生の多様性の教育的ベネフィット」論として論じられた（本章5）。その後広い分野に広がり、職場の労働者構成、マネッジメント、リーダーシップ、芸術、スポーツあらゆる組織やチームの構成等で強調されている。

多様性の価値化は、共存のためのイデオロギーを超えて、そのポジティブな効果を確認する科学的実証研究も蓄積されてきた。同質集団内での心地よさに比べ、異質集団との交わりには困難やストレスはあるものの、情報の豊富さ、異なる視点が知的刺激となり、より深い議論になる。意見対立の解決のための努力と柔軟さ、よりよい決定、創造力、革新力を生むという多様性の肯定論だ。「同質性」が安定をもたらすのに対し、「多様性の価値化」はダイナミズムを生み出す。「人種・民族の多様性は、同質性よりも強い」という考え方は、理念としては広く受入れられてきている。

これまでは、白人が圧倒的マジョリティである社会に、多様な人種・民族・宗教・言語の移民が流入し、西洋文化の土台に異文化を追加するという形での多様性の価値化であった。しかしながら、白人が過半数を失い、多数グループのうちの最大にすぎない時代へと向かいつつある今日、西洋文化も一文化にすぎない形での多人種多文化の共存・等価値化へと進むのであろうか?

アメリカの社会規範として、オバマは、多様性や人種の共存を価値づけつつ国家としてのより良い統合の必要を説いた。しかし、オバマの時代が人種対立を減らしたというよりも、逆に人種問題の深刻さを浮き彫りにした。トランプは、オバマはアフリカ人だと大統領資格に疑問を投げ(バーサー運動 Birther Movement)、白人中心主義的ティー・パーティ運動が拡大した。警察による黒人殺傷の多発が黒人の怒りを爆発させ、「黒人の命は大切だ(Black lives matter)」運動が広がった。黒人大統領の登場は、白人至上主義者、伝統的秩序主義者を結集させた(第4章1)。

16年選挙でトランプを当選させたのは、保守右派、エヴァンジェリカル右派の中高年白人層、グローバリゼーションで打撃を受けたラストベルトの製造業の白人ブルーカラー労働者の不満層、移民の増加に危機感を感じるナショナリスト・反移民主義者、自国利益中心主義者であった。トランプは、これらの右派ポピュリストの声に応えて、白人中心主義、人種差別、反移民へと航路を旋回させようとしている。就任早々、イスラム6カ国からの入国の一時停止や難民受入れの停止令を出し、DAPAの撤廃に続き、DACAも撤廃した（トランプ政権の移民政策については、第4章3を参照されたい）。

社会進歩を逆戻りさせようとする勢力と、逆行への抵抗勢力の激突の時代となった。

第 2 章

女性たちが牽引した社会変革

トランプ大統領就任の翌日に行われた「女性大行進」には、約50万人が参加した。ワシントンにて、2017年1月21日。(提供：ゲッティ＝共同)

1 「女性革命」がもたらした広範な社会変化

フェミニズムは、社会変化を求める思想であると同時に運動である。現代女性運動／フェミニズムは、1960年代の人種の平等を求めた公民権運動から生まれ、70年代にはアメリカを席巻した。女性の平等を求める女性が主役となって推進したこの運動は、人々の意識や考え方、生き方、社会規範から制度までを根底から変えた。運動誕生の社会的背景と展開、達成、変化への抵抗勢力との攻防、残された問題まで、50年間の軌跡を辿ろう。

女性運動の展開、多様性、多面性

現代女性運動はしばしば第二波と呼ばれる。第一波は、奴隷制廃止運動に参加していた女性たちが、1840年のロンドン世界奴隷制反対会議で発言権、議決権を否定されたことから女性の社会的地位の低さを認識し、1848年ニューヨーク州セネカフォールズに集まって、女性の権利要求声明を発表したことから始まった。市民の権利の柱である投票権の要求を中心にして、72年にわたる長い運動の結果、ついに1920年、憲法修正第19で達成した。しかし、その後の女性運動は穏健派と急進派の分裂、大恐慌や戦争もあり、勢いを失った。

穏健派（主流派）は、投票者教育の他、女性労働者保護、児童福祉等に力を入れた。19世紀後半から女性労働者が増えるが、労働環境は劣悪で搾取的であった。20世紀初頭には多くの州で、労働時間制限、最低賃金、重量挙げ制限、夜勤禁止、危険な職場での就労禁止等の女性労働者保護法が制定された。しかし、女性保護は女性排除の理由ともなった。

他方、急進派の一部は、投票権の次のステップとして、財産権、労働権、言論権等すべての領域での男女平等を求め、セネカフォールズ75周年の23年に「女性党」を組織し、ERA（Equal Rights Amendment 憲法に男女平等規定を挿入するための憲法修正法）を連邦議会に提出した。以来ERAは毎議会に提出され、葬られてきた。しかし、第二波運動によって一つの重要な達成目標として引き継がれた。

第二波女性運動は、当初、リベラル・フェミニズムとラディカル・フェミニズムの二つの異なる方向から展開したが、まもなく多数のフェミニズムが生まれた（本章7で詳述）。

第二次大戦後の平和と繁栄の中で、多くのミドルクラスの若い女性たちは大学在学中に結婚相手を見つけ、郊外の家で不自由ない結婚生活を送っていた。ジャーナリスト、ベティ・フリーダンによる『新しい女性の創造（The Feminine Mystique）』（63）は、これらの主婦が実は心の中で人知れず味わっていた孤立感、空虚感を「名前のない問題」として抉《えぐ》り出し、女性たちに社会への進出を呼びかけた。この本は多数の女性たちにアピールし、運動の火付け役となった。

リベラル・フェミニズムは、自由主義（リベラリズム）と資本主義を柱とするアメリカの基本的思想と社会構造を支持した上で、そこにある女性差別等のマイナス部分の撤廃を求めた。女性劣位の原因を、男性が外の労働、女性は家事育児という公私分離と性分業によって、女性は経済力、政治力を失い、男性に依存するようになったことにあると分析した。男女平等化への道は、女性の公領域進出であると主張し、公領域での「差別撤廃」「機会の平等保障」「メリトクラシー原則」に立つ「男女平等アプローチ」をとった。

フリーダン等は66年、「社会のメインストリームへの女性参加による社会変化」を掲げて、「全国女性組織　NOW」を設立した。他にも多くの女性団体が設立され、メディア、世論、議会にはたらきかけ、司法の場で差別撤廃のため闘い、女性の教育進出、労働力参加や賃金上昇、政治進出を押した。

一方、公民権運動、ヴェトナム反戦運動、学生運動に参加していた「ニュー・レフト」（第4章5）の若い女性たちが、これら運動の中にあった女性差別に反発して、独立のラディカルな女性解放グループを作った。これがウィメンズ・リブ運動、ラディカル・フェミニズムの流れとなった。無数の小さなグループが自然発生的に生まれ、女性たちは日々の生活の中で経験する不平等な力関係について語り合い、新しい男女関係、生き方を求めた。それは「CR（Consciousness Raising 意識喚起）」と呼ばれ、短期間に全国に広がった。全国的組織を持たず、地域的草の根的な組織であったが、グローリア・スタイネム等著名な活動家、理論的指導者が登場した。

リベラル・フェミニズムが公領域での女性差別撤廃を要求し、私領域は個人の問題、プライバシーとして外からの介入を否定したのに対し、ラディカル・フェミニズムは、公私分離を否定した。「私的なことは政治的」として、私と公を結びつけ、男性が女性の上に持つ力に「家父長制」という表現を用い、男女関係の根本的変革、抑圧からの解放を求めた。家族や男女関係における女性の抑圧、社会が押しつけた性役割や女らしさ、体やセクシュアリティ、性暴力、健康、大衆文化における女性の性的モノ化、ポルノ、売春等を取り上げた。

やがて、フェミニズムの拡散、多様化が進んだ。フェミニズムは、当初から、イデオロギー、世代、人種、セクシュアリティ、階級等による多くの衝突や分裂を生みつつ、また連帯もしながら展開し、さまざまな運動と思想の流れが生まれた。まず、運動参加者に世代格差があった。リベラル・フェミニズムは、年齢的には中年ミドルクラスのプロフェッショナル女性や主婦層が主たる参加者であり、「反男性」ではなかった。それに対し、ラディカル・フェミニズムは、「ニュー・レフト」の若い世代中心のより闘争的運動体であり、家父長制概念において男性は女性の抑圧者であった。

人種は、常にフェミニズムに「差異」と対立を生んだ。ブラック・フェミニストたちは、人種差別との闘いで黒人男性グループと共闘するが、黒人男性による女性抑圧を経験した。女性運動のほうは白人女性中心で人種差別を経験する。ブラック、ヒスパニック、アジア系、ネイティブ・アメリカン女性たちのグループが作られたが、フェミニズムの一部でありつつも、その白人女性中心性に対し、運動の面でも理論の面でも時に激しい批判を向けた。

レズビアンも差異と対立を生んだ。当初から大勢のレズビアンが女性運動に参加したが、しばしば同性愛については隠していた。69年にゲイ・バー「ストーンウォール」事件が起こり、ゲイ解放運動が始まった（第3章）。レズビアンたちもゲイ解放運動に参加するが、男性主導の運動の中での縁辺化を感じ、レズビアン・グループを作ったが、女性運動においては同性愛嫌い（ホモフォビア）に出会った。フリーダン等のNOWは、女性運動がセクシュアリティ問題に引きずられることを恐れ、数年間リーダー的ポストからレズビアンを排除していた。

しかし、多くの優れたレズビアン理論家が出て、レズビアン・フェミニズムを形成した。

女性の抑圧の根源を異性愛主義（男性が愛の対象）にあるとして、主流派フェミニズムの異性愛中心主義を批判した。女性蔑視の既存の価値観や秩序を覆し、女性の本質や女性原理に基づいた社会改革を進めるべきだとするフェミニズムも出てきた。

マルクス主義フェミニズムは、資本主義生産における労働分析・階級理論を用いて女性労働者の搾取・不利を説明し、さらに再生産労働（家事労働や育児等）の分析を加え、女性の従属を説明した。社会主義フェミニズムは、「資本制」と「家父長制」の両軸を用いて女性抑圧を分析した。

さらに、ポストモダン思想の洞察を取入れたポストモダン・フェミニズムは、文化、主体、知、セクシュアリティ等の分析を重視した。近代が作り出した「主体」概念や「客観的科学的知」の中に男性優位が組み込まれていることを問題にし、その変更を求めた（本章7）。

フェミニズムは、欧米を超えて世界に広がった。国連を舞台に、75年「国際女性年」とメキシコでの第1回「世界女性会議」開催、「国連女性の10年」（76-85）、「女子差別撤廃条約」採択（79）、「世界女性会議」第2回コペンハーゲン（80）、第3回ナイロビ（85）、第4回北京（95）と続いた。フェミニズムのグローバル化は、当初は、西欧フェミニズムをモデルとした拡散であったが、オリエンタリズムやポストコロニアリズムやフェミニズムにおける欧米中心批判が高まり、第三世界の女性から第三世界フェミニズム理論が発展した。

女性運動の達成

まず平等化のための法制度の整備、実効化がある。60年代の一連の差別禁止法は女性の労働市場進出を制度的に支えた。ケネディ大統領が設置し、エレノア・ローズヴェルト（F・ローズヴェルトの妻）が委員長を務めた「女性の地位委員会」が、63年に報告書『アメリカの女性』を提出し、女性をめぐる現状分析と政策提言を行った。これはその後の女性政策の土台となった。

63年の「賃金平等法」、64年「公民権法」第7条による雇用上のあらゆる差別の禁止、その実施組織「雇用機会平等委員会」（ＥＥＯＣ）の設置、続いて、65＆67年のジョンソン大統領令は、連邦政府と契約を持つ企業・団体に対し、「過去における差別の結果」が存在する場合はその是正のための積極的措置「アファーマティブ・アクション（ＡＡ）」を要求した。ＡＡは、雇用組織による差別行為がなくても、差別的結果があれば、是正を要求できるし、団体訴訟もできるので平等化に威力を発揮する政策となった（第1章5）。

法律はできたが、ＥＥＯＣが最初から差別禁止に熱心に取組んだわけではない。実効化を求めて、女性たちは、NOWその他の団体を作り、多数の差別の苦情をEEOCに提出したり、訴訟を起こした。女性の政治進出を進めた「全国女性政治コーカス（NWPC）」、中絶権を要求した団体、フェミニズムの広報誌『Ms.マガジン』、女性プロフェッショナル組織、等多数の団体ができた。

70年代前半には、多数の平等法が成立した。判例も多くの伝統的雇用慣行を差別として廃止した。賃金差別や性による職種分離（セグレゲーション。例えば、電話交換手や秘書や事務職は女性の多い職であり、低地位低賃金であった）についての多くの訴訟を起こし、性指定の募集・採用は違法とされた。

女性労働者保護法は、しばしば女性の低賃金や昇進阻止に使われているとしてほとんどが廃止された。70年代の初めまで多くの公立学校で、妊娠4〜6カ月目からの強制的無償休業制があったが、これを差別とする判決が出て、妊娠出産の扱い方の転換となった。「78年妊娠差別禁止法」によって、妊娠出産は疾病等と同じ扱いとなり、妊娠出産による差別を禁止した。妊娠出産を理由とする採用・昇進拒否や、重量挙げ回避を要求したら解雇された等、差別の苦情提出は今も多いのが実情だが。

家庭と仕事の両立を容易にするため、託児費用の税控除、職場内託児所設置、フレックス制の導入が一部で広がった。93年の「家族・病気休業法」は、家族ケアや疾病理由の12

週の休業を規定した。復職保障はあるが無償だ。

職場で蔓延していたセクハラについて、裁判所は長らく個人の性指向の問題としてとらえ、雇用上の問題として見なかったのだが、キャサリン・マッキノンが雇用差別になると理論化した。それまで名前がないままに容認されてきた問題に表現が与えられるや、この言葉を用いて多数の訴訟が起こされ、70年代後半には、EEOCも判例も、「採用・昇進・昇給等雇用上の条件を性的行為提供の対価とする場合」、「敵対的労働環境を作り出している場合」は、雇用差別になることを認めた。企業もセクハラ予防のトレーニングや対応策を設定するようになったが、職場や大学でのセクハラは今も蔓延している（本章6）。

女性の高等教育進出はめざましく、80年には学生の50％を超え、近年は女性が54％、男性46％だ。高学歴化が女性の社会進出を押してきた。60年代まで東部の長い伝統を誇るエリート大学のほとんどが男子校であり、政治や経済分野のリーダーを育ててきた。女性たちはこれらの男子エリート校の門戸開放を要求し、その結果70年代初めには男子校はぞくぞくと共学化した。多数あった女子大も共学化が進み、現在は30校ほどに減少した。

大学に女性教員を増やすため、女性たちは、多数の大学にAAの採用を要求し、あるいは提訴し、大学にAAプランを採用させることに成功した。女性教員割合は80年には30％に達した。また教育における差別禁止を規定した「72年教育修正法」第9条の実効化に努めた。特にスポーツは男性中心で、参加の機会、資金や設備配分が著しく不平等だったことを差別として訴えて是正させ、女性のスポーツへの進出の道を開いた。

74年の「女性の教育平等法」は、小中学校での教育が女子を伝統的性役割に押し込めるような制度となっていることを改め、教科書の中にあった性のステレオタイプの是正等、教育における平等化を進めた。80年の「理工系における機会平等法」は、女性・マイノリティの理工系進出を促進する政策（研究資金提供、調査報告書作成等）、90年代の「女性の健康平等法」が、医療における男性基準を改め、男女差の分析、女性に適した治療を求めた。

文化全般における性差別、女性の性的モノ化にも目が向けられ、メディア等における性のステレオタイプ化や性差別的表現の廃止を求めた。

フェミニズムが生んだ最も大きな達成の一つが、大学における女性・ジェンダー研究と教育プログラムのめざましい発展とそのインパクトだが、このことについては第6節で取り上げる。

反フェミニズム勢力の反撃

60年代の進歩的社会潮流は、70年代半ばにはヴェトナム停戦、経済不況の中で保守化へと転換していった。女性運動の展開の中で、伝統的性役割や女らしさの否定、結婚年齢の上昇、離婚の増加、未婚の母の増加、等、男女関係や家族の急激な変化に対する危機感が高まった。イデオロギー的保守、宗教的右派、伝統的社会秩序支持派等の「ニュー・ライト（新保守主義）」の反撃が始まった（第4章7）。伝統的主婦層の間にも、主婦の社会的地位を貶めるフェミニズムへの反感が出てきた。特に「性役割に基づく伝統的家族の維持」を軸にして結集し、ERA、中絶、同性愛（反家族である）を攻撃の標的にした。

81年に登場したレーガン共和党政権は、フェミニズムが生み出した社会変化を押し戻す政策を進めた。大統領の連邦判事指名権を利用して、特に最高裁に保守的判事を就任させ、進歩的判決の転覆・逆戻しに努めた。73年の中絶合法化「ロー判決」が出ると、宗教的保守層を中心とする中絶反対派は「プロライフ」運動を動員し、中絶支持派は「プロチョイス」という表現を作って、両者の激しい攻防戦が始まった（本章5）。

反フェミニズム勢力は、アファーマティブ・アクション（AA）、「同一価値労働同一賃金原則」（コンパラブルワース）にも反対した。AAは、白人男性から仕事を奪って女性・マイノリティに与える優遇措置であり、それは憲法の平等保護に違反し、また人種や性による差別を禁止する公民権法第7条に違反する「白人男性への逆差別」だという反撃が出てきた。判例も、AAの実施への制限を強めていった（第1章5）。

ERAの批准も激しい衝突を生んだ。ERAは、23年の初提案から実に50年を経た72年に連邦議会で可決された。しかし、男女平等を憲法条文として挿入するために必要な4分の3の州（38州）による批准は、国内を二分する激しい主戦場となった。それはまさに、社会が短期間に未曾有の規模で変化していく中で、「変化を推進しようとする力」と「変化に抵抗する力」の衝突であった。

このプロセスが、フェミニズムの内部対立や分裂を超えて連帯させ、女性運動にエネルギーを与えた。しかしそれは、同時に反対勢力も結集させた。あらゆる分野での「平等」をねらうERAは、「女性保護」の放棄を含蓄しており、衝突の芽を含んでいた。

「ストップERA」を最も強力かつ効果的に展開したのは、フィリス・シュラフリーだ。彼女は、離婚の急増、非婚や未婚の母の増加、主婦の地位の沈下等を女性運動のせいだと非難し、伝統的性役割や家族制度の崩壊の恐怖を喧伝した。ERAが成立すれば、夫は妻子の扶養義務がなくなる、離婚すると女性は子供の保護権を失う、主婦は労働へと強制される、男性と同様の従軍義務が生じる、女子大はすべて共学になる、と主張し、特に保守的主婦層の間にERA反対を広げた。保守的宗教グループも反対した。共和党は80年の全国大会で、ERA支持を落とした。

女性労働者保護の喪失を懸念して、労働組合の女性組織もERAに反対した。かつて劣悪な条件で働いていた女性労働者のための保護規定は、戦いの末にやっと獲得した権利であったが、保護は必要だという考えと、差別になるから廃止するべきだという考え方が対立した。しかし、次第に、保護は差別になるという考え方の支持が増え、「64年公民権法」のもとで、女性労働者保護の州法の多くが廃止されていった。保護規定維持の支持者はERAに反対した。

結局、ERAは批准期限の82年までに35州が批准したが、残る3州の批准が得られず、不成立で終わった。以後も毎議会に提出され、今日に至る。多数の差別禁止法があるとはいえ、男女平等を憲法上の規定にすることは国家の基本的理念の表明となるし、強力な平等保障の力となるから、ERAは必要だという声は今も強い。

フェミニズムの「死?」からの再生――第三波、第四波

60年代半ばから70年代は、女性躍進の時代だった。しかしながら、70年代後半から80年代の保守反撃の時代を経て、90年代半ばから2000年代には、メディアがその死を報道するほどフェミニズムは表舞台から消えた。

その理由として、①あからさまな差別の縮小、女性の各方面への進出達成から、運動の必要感が弱化。②女性たちの世代間ギャップの拡大。平等のために闘った古い世代に対し、若い世代は、平等を既得権として享受しつつも、生き方や働き方は個人の自由選択だと考

え、フェミニズム忌避が広まった。③伝統的価値観・既得権を侵害されたと感じた保守グループからの抵抗、フェミニズムに対する「バックラッシュ（反動、反感、反発）」の高まり。④メディアのインパクト。メディアは70年代以降の女性の労働力参加率上昇、結婚年齢の上昇、キャリア女性の活躍、ダブル・キャリア・カップル、ダブル・インカム・ノー・キッズ（DINK）等を報道したが、やがて、80年代半ばになると、急激な変化が生んだストレスに焦点を当てた。生物的時計がチクタク回る（出産年齢の上限に近づくこと）、キャリアも家庭もと奮闘するスーパーウーマンのバーンアウト（燃え尽き）、マミー・トラック（子育て中の女性のためのキャリア・サイドトラック）、働く女性と主婦の冷戦を取り上げた。そして、フェミニズムの死、ポスト・フェミニズムという記事が登場した。

しかし、まさにそのような社会潮流の中から、20、30代の若い世代による第三波フェミニズムが登場した。著名な第二波フェミニスト詩人アリス・ウォーカーの娘レベッカ・ウォーカーは、「私はポスト・フェミニズムのフェミニストではなく、第三波フェミニストだ」と主張した。第二波の強力なリーダーたちの下で大きな声を上げられなかった若い世代が、自らの主張を始めたのだ。

第三波フェミニズムの特徴をいくつか抽出しよう。

①インターネット、ソーシャルメディア、ブログを発信、意見交換、ネットワーク、コ

ミュニティの場とする。第二波が作ったような中央集中的全国的組織を作るのではなく、主にネットによる分散的なつながりを持つ。フェミニストというラベルを忌避しない。

②多様性の価値化、個人的自分流フェミニズムを肯定する。第二波は女性が「グループ」として受けてきた差別の撤廃に向けて闘ったが、第三波は、それは白人・ミドルクラス・ヘテロ（異性愛）女性中心で、他を縁辺化してきたと抗議する。人種、民族、国籍、階級、セクシュアリティ等が交差するインターセクショナリティを重視し、多様なアイデンティティ、生き方、主張を価値づける。

③さまざまなセクシュアリティ、性的快楽の肯定。第二波が、男性が規定する女らしさやセクシーさ、メディアによる女性像を「性的モノ化」として否定したのに対し、第三波は、女性のアイデンティティ、女らしさ、セクシュアリティを、「性的モノ化」に抵抗する自己表現として価値づける（女性を強調する化粧、ハイヒール、胸の谷間を見せる服装等）。

さらに2000年代に入り、第四波フェミニズムの主張が出てきた。インターネット・フェミニズムあるいはサイバー・フェミニズムだ。

第四波は、①インターネットによる情報発信力、多数動員力を、新しい型のアクティビズム（市民的活動主義）として見る。第二波は大衆参加のデモやロビー活動等のアクティビズムによって社会変化を達成してきたのに対し、第三波の個人主義的アプローチでは個々人ばらばらでグループとしての運動やまとまった政治的社会的主張とはなりにくいと批判する。第四波は、インターネットやウェブを単なる居心地のよいスペース、コミュニティとするだけでなく、大衆参加の社会運動へと発展させようとする。

②第四波は、第二波が闘ってきた伝統的女性問題の存続にも目を向ける。特に、賃金差別、雇用差別、ガラスの天井、育児休業の無償性、シングルマザーの困難、保育施設不足等を取り上げ、またレイプ、DV(家庭内暴力)、セクシュアル・ハラスメントの蔓延や生殖権の制限等に抗議する。

「日々のセクシズム・プロジェクト」は、路上や電車等でのセクシュアル・ハラスメント、職場での差別、体へのネガティブコメント等、小さいかもしれないが日々の生活で経験する差別をネット上のサイトに書き込み、シェアし、議論し、問題を可視化し、抗議デモも展開する。ティーンエイジャーにも広がっている。個人的な経験に基づくマイクロ・ポリティックスから出発するが、それを社会的制度的問題の指摘、そして変化を要求する運動へと結びつく力にもする(Kira Cochrane)。

③第四波はまた、第三波が重視した多様性・インターセクショナリティを踏襲するが、グローバリゼーションの進行の中で、第三波以上に、特に第三世界フェミニズムとも連携する国際的広がりをもつ。グローバルなフェミニスト・コミュニティを形成する。

主流フェミニズムの活性化、「リーン・イン」旋風

第二波の流れを汲む伝統的フェミニズムも近年活気づいている。その理由の一つは、女性差別は微妙な形でまだ残っているという認識の共有だ。60年代後半以降の第二波運動の高揚と達成とは対照的に、運動が沈静化した90年代、2000年代以降は進歩も停滞し、取り残された問題も多くある。家庭と仕事の両立の困難さ、女性の貧困の拡大、レイプやDVの蔓延、生殖選択権制限の動き等だ。二つには、ジェンダー指標の国際比較が示すアメリカのランクの低さだ。新たな問題意識の共有が、運動の必要性の再認識となった。

そして、新しいパワフルな女性リーダーたちが登場した。シェリル・サンドバーグが13年に出版した『リーン・イン（Lean In）』は、新たな運動の火付け役となった。同書は、爆発的な反響を呼び、彼女は新しいフェミニスト・リーダーの役割を担うことになった。第二波運動の火付け役ベティ・フリーダンの『新しい女性の創造』の出版からちょうど50年後だ。彼女はハーバードMBA、財務省長官補佐官、グーグル副社長経験後、現在フェイスブックの執行役員という超エリートだ。

このシリコンバレーでの成功のシンボル的女性が、自分の経験を交えて、キャリア女性がいまだに仕事で経験する困難と、それをどう克服するかを語っている。①結婚・出産・

育児を考えて、キャリアの早い段階で高い志望を縮小してしまう女性が多いが、積極的に仕事に挑戦し前進（リーン・イン）しよう。②あなたの問題を解決できるのは、上司ではなく、まずあなた自身だ。③より平等な職場への変革には、女性のリーダーシップが必要だ。④家事育児責任の平等負担、等を説いた。

サンドバーグは「リーン・イン組織」を設立し、少人数の地域的グループ作りを奨励し、コミュニティーの拡大、障碍を乗り越えるための無料のオンライン教育を推進した。「リーン・イン・サークル」は瞬く間に全米に広がり、3万以上ができている。

『リーン・イン』に対しては批判もある。まず、第一に、高学歴で高収入のキャリア女性は、育児や家事に人を雇ったり有料サービスの利用でカバーできるが、多くの女性にはそれだけの財力や職場での交渉力がない。エリート女性の話であって、大部分の女性には関係ないという批判だ。第二は、「女性の成功に立ちふさがる制度的障碍を語らず、もっぱら女性個人の努力によって成功を勝ち取れというが、個人的努力では限界がある。制度的改革こそが必要だ」という批判だ。女性の個人的努力アプローチ vs. 制度改革アプローチという古典的論争と共通する。

ともあれ、サンドバーグは、働く女性の問題に再び社会的関心を喚起し、女性たちを結びつけ、フェミニズムに新しい息吹を与えた。15年に夫の突然の死という悲劇で2人の子供のシングルマザーになってしまったが、キャリア女性のロールモデル、新しい女性運動のリーダーとして活動を続けている。

近年、女性運動は大きなモメンタムを得て動いている。第二波が作り出した伝統的全国的団体(NOW等)に加え、特定分野の大小多数の女性団体(女性CEO、起業家、ビジネス・リーダー、政治家、理工系、生殖関連、等々)が、インターネットによる情報提供・問題提起、ロビー活動、教育活動を展開している。

かつての道を埋め尽くすような大衆デモは長らく消えていたが、17年1月20日のトランプ大統領就任式の翌日の抗議デモ「女性のマーチ」では、約50万人が同じワシントン広場を埋め、全米各地で400~500万人が参加、史上最大の集まりとなった。トランプ政権による移民政策やオバマケア撤回反対等の各種の大衆運動が起こっているが、女性運動も活発化している。

2 女性の政治力の拡大

パワフルなロールモデルの活躍、数的拡大、裾野の拡大

70年以前には、政治の場における女性代表は著しく少なく、女性問題を語る声はほとんどなかった。70年代になって、男女平等達成には、女性が政策決定に参加し、女性の声を政治に反映させることが重要だという認識が高まり、女性を議会や公職に増やす努力が始まった。

２０１２年の選挙では女性が躍進し、連邦議会の女性議員は１００人に達した。20年に一度の選挙区改定による新設ポストと引退による空席ポストの多さが、女性に有利にはたらき、24空席のうち22議席を獲得した。17年には１０４人、19％となっている（表4）。

パワフルなロールモデルも増えた。筆頭はヒラリー・クリントン、16年大統領選の民主党候補となったが、共和党候補のトランプに敗れ、アメリカ初の女性大統領になれなかった。国務長官時の公務関連メールの私用サーバー使用問題とＦＢＩ長官による投票日直前の再捜査発表、ロシアのハッキングとマイナスの偽情報流布が、クリントンへの支持に水を差した。また、女性候補者は、政治家としてのビジョンや資質よりも、「好感度」（女性の傲慢な印象、アグレシブネスは好感度低下となる）が、男性以上に評価の対象となりやすいこと、女性問題を過度に取り上げることは必ずしもプラスにならないことも示した（第4章）。

ナンシー・ペロシは02年以来、女性初の下院民主党リーダー（院内総務）であり、民主党が多数党であった時には下院議長も務めた。連邦準備制度理事会には初の女性議長ジャ

表4　アメリカ議会の女性議員数と割合、州の女性知事数と議員割合

	1971	1993	2013	2017
女性連邦議員総数 （カッコ内は割合/%）	15 (2.8)	54 (7.0)	100 (18.7)	104 (19.4)
上院議員数	2	7	20	21
下院議員数	13	47	80	83
州知事数	0	3	5	4
州議会議員（%）	4.7	22.2	24.2	24.8

＊上院総数100人、下院総数435人
＊2017年の女性議員104人中、マイノリティ女性は38人（36.5%）

Rutgers Center for American Women and Politics より作成

ネット・イェレンが就任している。

アメリカの女性たちは政治的進出を着実に拡大してきたとはいえ、世界を見渡せば、女性国会議員割合は16年で193カ国中104位と芳しくない。上昇より下降している。世界平均23%よりも低く、北欧45%前後のはるか後方にある。日本は163位（13%）、ボトムに近い（世界経済フォーラム「世界ジェンダー・ギャップ・レポート」）。上位国のほとんどは、候補者数か議員数にクォータ制の法的義務化や政党による自主的採用があり、女性割合を上昇させた。

しかし、リベラリズム（自由主義思想、個人的アプローチ）の強いアメリカでは、クォータ制は世論の広い支持を得ない。女性たちも積極的に要求しない。クォータ制が「機会の平等」「メリトクラシー」を侵害するという考え方が強いし、自分たちの努力、実力による達成を誇る文化だからだ。

女性の政治力拡大の推進力

ではアメリカでは、女性の政治参加を拡大し、女性問題を政治の場にのせ、制度改革を押し進める力は何なのか？　まず、女性団体の力がある。ネットワーク、世論動員力、発言権は強力だ。71年設立の古い組織「全国女性政治コーカス（NWPC）」は、女性に政治的志望を喚起し、公的ポストへの応募を奨励し、選挙候補者のリクルートとトレーニングの提供、選挙資金集め、助言・支援活動を行って、女性政治家の増加に努め、女性問題を政治に持ち込み、決定の場に参加して、女性ニーズの立法化、政府要職への女性の増加によって政策化に貢献した。女性候補者はしばしば選挙資金の面で不利であったが、85年設立の「エミリーズ・リスト（Emily's List）」は、中絶権を支持する民主党女性候補に対する強力な資金援助組織となった。現会員数約500万人、16年選挙では4800万ドルの資金を集め、候補者に資金援助でてこ入れをした。

大学や諸組織による「女性と政治」研究の貢献も大きい。女性の政治への進出を阻む社会的文化的障碍の分析と克服は、重要な研究および実践課題となった。政治は男性の領域であり、強いリーダーシップ、パワーの行使は、女らしさに反する、女性に向かないという伝統的ステレオタイプを問題にし、その変更に努めた。家庭や学校、メディア等による

「社会化」作用の変更、政治への関心喚起、リーダーシップ経験を奨励した。

ニュージャージー州立ラトガーズ大学の「アメリカの女性と政治センター」は、「女性と政治」についての研究と情報提供、授業シラバス収集と公開、女性のリーダーシップ養成、10代少女向け政治参加についてのプログラム等を実施。女性の政治家を増加させるための運動も行っており、有用なリソースを提供している。「研究」「政治教育」「アクティビズム」を結びつけ、アカデミックと政界との間のブリッジの役割を果たしている。

女性団体や研究機関が、メディアや一般向けに重要な女性問題や政治動向について情報を提供し、世論の関心を高めたことも、女性の政界進出を押す力となった。有能な女性リーダー、ロールモデルは増えた。女性のリーダーシップを受け入れる社会的土壌は広がった。トランプ政権に対する抵抗運動は高まっており、18年選挙における女性の政界進出を増やす力となるだろう。

3　女性の労働市場への進出

大企業にも女性経営者が登場

女性は企業経営やリーダーシップに向いていないというステレオタイプの縛りは強かった。女性は企業の上に行くほど減少するピラミッド型で、トップ経営者になれる人材プールは小さかった。ガラスの天井を割って大企業の女性CEOが登場したのは2000年だ。カタリストによると、大手企業「S&P500社」における女性CEOは、00年代に増え始め、17年4月で29人に達した。GM（6位）のメアリー・バーラを筆頭に、HP、IBM、ペプシ、ロッキード・マーティン、オラクル等「トップ100」に8人の女性CEOがいる。マイノリティではペプシのインド系女性とゼロックスのアフリカ系アメリカ女性（最近辞職）の2人。「トップ1000」の女性CEOは54人だ。

一方、「S&P500社」における取締役員の女性割合は、95年の10%から2016年には20%に上昇した。40%を超えている企業も少数ある。しかし、女性割合40%を目標化している西欧の一部の国と比べると、アメリカは後塵を拝している。日本の女性役員比率は3%と極端に低い。

「CEO高額所得トップ200人」に、15年には、15人の女性が参入した。彼女らの報酬は、男性CEOよりも高額だ（財界人データバンクのエクィアー［Equiar］と「ニューヨーク・タイムズ」による毎年調査）。女性の筆頭は4位のオラクル共同CEOサフラ・カッツの5300万ドル（給与、ボーナス、株、その他の給与要素の合計）。アメリカの大手企業CEOの報酬

図４　「S&P500社」における女性の割合

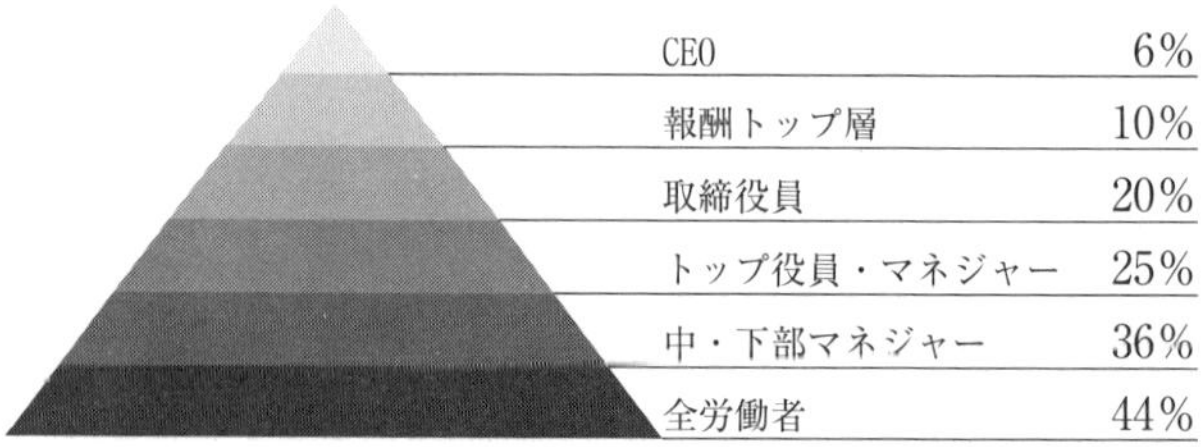

CEO	6%
報酬トップ層	10%
取締役員	20%
トップ役員・マネジャー	25%
中・下部マネジャー	36%
全労働者	44%

Catalyst, Pyramid: Women in S&P 500 Companies（3.1.2017）
Women in S&P 500 Companies by Race/Ethnicity（3.2015）

はとてつもない額だが、その世界に少数の女性が参入している。ＣＥＯではないが企業トップ幹部として、このグループと同等の報酬を手にしている女性も多い。特にＩＴ系企業に多いのは、フレキシブルな仕事形態、新分野なので伝統の縛りが少ないことが、女性の昇進を後押ししているからだ。女性高額所得者の増加は、近年における賃金の男女格差の減少にも貢献している（後述）。

女性の経営参加はビジネスにプラス

女性の経営参加の推進は、これまで「平等化」の視点から論じられてきたが、最近、「ビジネスにプラスとなるから経営戦略上も正当化される」という議論が加わり、説得力を得ている。例えば、カタリストの研究（11）は、女性役員の割合によって５００社を４グループ化し、トップ25%とボトム25%の企業成績（自己資本利益率、売上げ利益率、投資利益率の３指標を使用）を比較したところ、トップ・グル

表5　大企業の取締役会メンバーにおける女性の割合（2015）

西欧	ノルウェー47%　フランス34%　スウェーデン34% ＊ノルウェーは40%を法制化 ＊EUでは2020年までに女性40%達成を提案
北米	カナダ22%　アメリカ20%
アジア太平洋	オーストラリア23%　インド11% 中国9%　韓国4%　日本3.5%

Credit Suisse Research Institute, CS Gender 3000: Women in Senior Management（9.2016）, Catalyst Women Board Directors: Catalyst（1.4.2017）より作成

ープの方が、ボトム・グループよりも業績が50%ほど上だという結果だった。クレディ・スイスによる大規模調査も、女性CEO&役員の多い企業は、自己資本利益率、企業価値評価、株価、配当の面でより好成績だという結果を示した（相関関係であり、因果関係ではない）。

女性CEOについて、「ガラスの崖」と「女王蜂」議論があった。女性CEOは、企業の業績低迷で万策尽きた状況の中で就任することが多く、うまく業績改善できれば高い評価を得るが、うまくいかず白人男性に交代させられることが多い。「ガラスの崖」と表現されたが、実証研究はその傾向を示している。女性CEOは、自分がトップに立つと、他の女性の昇進を妨げるため昇進梯子を外す「女王蜂」になるのか？　むしろ女性の昇進を助け女性幹部を増やすことが多いという研究結果だ（CS Research）。またグローバリゼーションの中で、白人男性がリーダーとしてより適任であるという見方が強まっているという分析もある。

では、女性リーダーを増やすためどんな方法が取られているのか?

アメリカでは、女性割合を法律によって義務化するクォータ制への支持は少ないため、任意努力が中心だ。①女性はリーダーシップに欠ける、適さないというステレオタイプやバイアスの変更、②メンター、スポンサー、ロールモデルの増加、③仕事と家庭との両立を阻む制度的障碍(休業やフレックスの困難さ、託児サービス費用の高さや不足等)の解消、④企業の女性割合統計の公表と改善要求。社会的イメージを大切にする企業に対し効果的方法となっている。⑤女性が職場で経験する多様な差別についての大学や民間研究組織による研究の蓄積も、見えにくい問題の可視化と理解に貢献している。情報はネットに掲載されるが、大きなメディアによる取り上げにより波及効果は大きい。

白人女性の優位

ジェンダーと人種を交差させると、マイノリティ女性の著しい不利が浮かび上がる。「S&P500社」の下位・中間マネジャーは、白人女性27%に対し、マイノリティ女性10%だが、シニア管理職では21%対4%となり、CEOでは4・6%対0・4%だ。トップへの「女性の進出」は、実はほとんど「白人女性」の進出なのだ(図5)。

マイノリティ男性CEOは23人、4・6%のみ。アフリカ系がピーク時7人に達した後、

図５　「S&P500社」における女性の割合：人種別

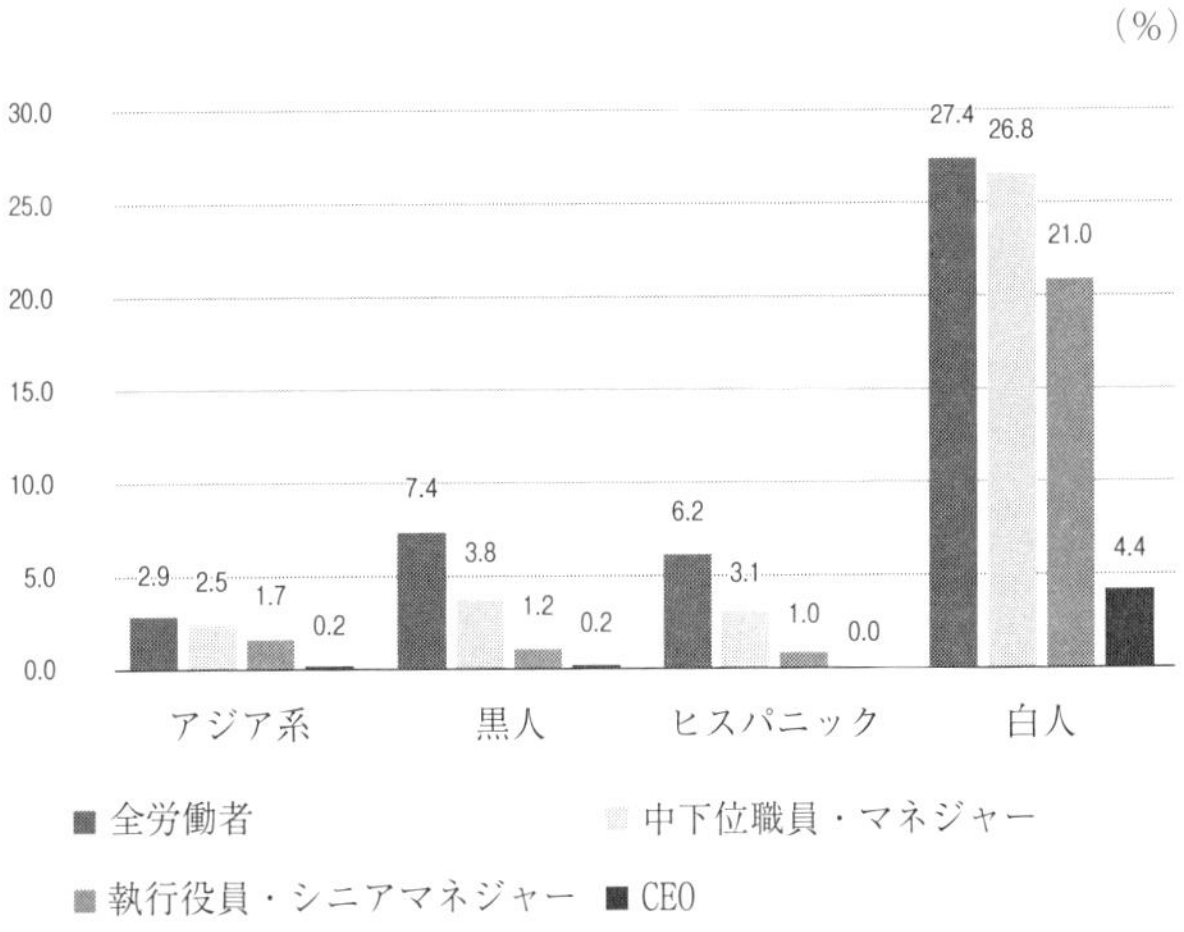

Catalyst, Women in S&P 500 Companies by Race/Ethnicity（3.2015）

16年に4人に減少。ヒスパニックは9人。アジア系は10人だが全員インド系で、インド系の成功が大きな関心を集めている（シリコンバレーIT企業における女性とアジア系問題については本章4および第1章7）。

女性の労働はどう変わったか？

高等教育は60年代に爆発的に拡大したが、特に女性の進学はめざましく、80年には男女比ほぼ半々となり、2000年からは女性56%、男性44%と女性が多数だ。女性の労働参加、賃金上昇、伝統的男性職や管理職への進入を後押ししてきた。

女性の労働力参加率（16歳以上人

口）は、60年の38％から、15年に57％に上昇した。この間に男性の方は83％から70％に低下し、その結果、男女差は45％から12％に縮小した。今やアメリカの労働者構成は、女性47％、男性53％だ。ただし、女性の労働参加率が特に大きく上昇したのが70年代であり、90年代半ばからは横這いにある（表6）。

かつて男性職だった法曹、マネジャー、サイエンティスト、医者に女性がめざましく進出した。性によるセグレゲーション（職種分離）は90年代半ば頃まで低減した（男女ミックス化）。しかし、最近10年ほどは大きな変化がない。コンピュータ・サイエンティストやエンジニアへの進出は一番遅れている。

女性賃金の男性賃金に対する比率（フルタイム、通年労働者）は、70年代まで約60％だったが、90年に70％を超え、15年で81％となった。格差の縮小は、女性賃金が上昇した一方で、男性賃金は停滞していることによる。特に、かつて産業の中核であった製造業は多くの男性労働者の就業先であったが、70年代後半からのサービス産業へのシフトや製造業の自動化、海外移転という変化の中で、製造業の賃金は停滞した。

人種別に見ると、アジア系は男女ともに、教育水準も給与も最も高い。アジア系男性の時給は白人男性の１１０％、女性は84％。最低のヒスパニック女性は白人男性の68％だ。人種は性以上の大きな格差要因となっている（第1章4、図1）。

国際比較すると、アメリカの女性たちの労働参加は、北欧等先進国に比べると後れている。世界経済フォーラム『世界ジェンダー・ギャップ・レポート』(16)は、4領域における男女差（ジェンダー・ギャップ）が小さい順にランキングしたものだ。アメリカは142カ国中45位に下落。その理由は、①教育達成は1位だが、②経済参加（労働参加、収入、管理職、プロフェッショナル&テクニカル職）26位、③健康62位、④政治参加（国会議員、大臣、過去50年間の国家首長在職年数）73位と低いためだ。

このランキングは男女差に基づくものであり、絶対

表6　16歳以上人口の労働力参加率、労働力男女構成、賃金格差

	労働力参加率(%)		労働力の男女割合	女性賃金比
	女性	男性	(女性 vs. 男性)	(男性賃金＝100)
1960	37.7	83.3	33 vs. 67	61
1970	43.3	79.7	38 vs. 62	60
1980	51.5	77.4	43 vs. 57	60
2000	59.9	74.8	47 vs. 53	74
2015	56.7	69.1	47 vs. 53	81

U.S. Bureau of Labor Statistics, 2016より作成

表7　子供のいる母親の労働力参加率

(%)

子供の年齢	1975年	2015年	(フル vs パート)
18歳未満	55	75	(75 vs 25)
6－17歳	47	70	(77 vs 23)
3－5歳	45	67	(73 vs 27)
3歳未満	34	61	(72 vs 28)

Women's Bureau, Department of Labor より作成

水準によるものではないので、トップにはヨーロッパ国と共に一部アフリカ国が入る。7年間1位を維持しているのはアイスランド、以下北欧3国と続く。アイスランドでは、女性の議員41％、大臣44％、過去50年間のうち20年は女性大統領なのだ。

ところで、日本は111位（健康40位、教育76位、政治103位、経済118位）。女性の政治家および管理職者の際立った少なさ、労働力参加と賃金、プロフェッショナル・テクニカル職における男女ギャップの大きさが、ランクを下げている。06年は80位だったのだが、他国が改善している中で、日本はほとんど変わらなかったため、下降した。

もう一つ、OECDメンバー22カ国の25〜54歳女性の労働力参加率が90〜10年の20年間にどう変わったかを比較した調査を見よう。多くの西欧国が80％を超したのに対し、アメリカは75％に留まったため、6位から17位に転落した。では日本は？　この20年間64％から変わっておらず、メンバーの中で最低水準だ。国際社会から女性の活用の必要性が指摘されているのも理解できよう。

仕事と家庭の両立の困難

15年には、18歳未満の子供のいる母親の75％、3歳未満児の母親も61％が働いている（表7）。共働きの4組に1組は妻の方が夫より高収入だ。「働く妻と主夫家族」の割合も上昇し、父親の2割が就学前の子供の主たる育児担当者となっている。

子供のいる家族のうち、「女性が単独または主たる稼ぎ手の家族」は、40%に達した（60年11%）。その内訳は、「妻が夫よりも高収入」が15%（60年4%）、母子家族が25%（60年7%）（Pew Reserch Center, 2013.5.29）。

「妻が単独または主たる稼ぎ手」の夫婦家族には、高学歴、高給与の白人女性が多い。女性は男性よりも高学歴化し、高賃金職に進出したのに対し、男性の賃金は停滞したこと、また伝統的夫婦役割という束縛の緩みという文化的意識的変化がある。

「母子家族」は、60年代には「離婚・別居・死別による場合」がほとんどだったが、近年は「未婚の母と子の家族」が著しく増えた。未婚の母が生む子供の割合は、2015年には全出生の40%に達した（60年5%）。子供のいる家族の11%が「未婚母と子の家族」だ。婚姻外出生は黒人の場合71%、ヒスパニック53%と高く、白人では29%。未婚母は低学歴が多く、就労の困難さもあり、貧困家族が多い。女性の社会進出から取り残された層だ（後述）。

仕事と家庭の両立を支える制度は著しく重要なのだが、アメリカでは、個人の生活はプライバシーであり、個人の責任という考え方が強いので、北欧国のような手厚い連邦政策はない。93年の「家族・病気休業法」は、男女両方を対象に、12週までの無給休業、同一か類似のポストへの復職保障を義務化している。しかし従業員50人未満の企業、就業期間12カ月未満の労働者を外しているため、労働者の4割が対象外だ。また、無給であり、パート選択権も義務化されていない。独自の制度で補充している州もある。有給休業制を採用している企業は11％に過ぎない（Council of Economic Advisers, 2014）。

アメリカのキャリア女性はプロフェッショナル・管理職志向が強いが、これらの職種はフルタイム労働をノルマとするので、パート選択はキャリアにマイナスになるし、保障が多ければ女性の雇用が企業にとって負担増となるため、微妙な差別を生みやすい。他方、低賃金の女性労働者にとっては、休業制度のない職場も多いし、あっても無給、さらに託児費用が著しく高いので利用は困難で（所得控除はある）、しばしば就労のフレキシビリティ、支援的労働環境に欠けている。特別のスキルを持たず簡単に代替可能な労働力だと、使用者や上司と交渉するパワーも持たない。

フレックス勤務、ジョブシェアリング、テレコミューティング（ITを利用して自宅等で働くテレワーク）、パート勤務、有給育休制、子供の病気時のバックアップ制度（病気の子供のケアによる休業を病休該当にする等）、保育・託児サービス、医療保険費補助、育児手当、育児中の親に対するサポート的労働環境、等が有用であるが、公的政策ではなく、企業の自主努力によっている。

仕事と家族責任とのバランスを調整する方法として、雇用労働者の間でテレワークは人気が高い。テクノロジーの進歩にも押されて、主としてコンピュータ使用のホワイトカラー職に広がった。ファイナンス、保健、不動産、ＩＴ関連が多い。テレワークの利用者は２０１６年には雇用労働者の43％になった。利用頻度が、かつて一番多かった週に１日かそれ以下は25％に減り、週４、５日が31％に増えた。生産性の面では差はないと受け止められている（16年ギャラップ調査、「ニューヨーク・タイムズ」2017.2.15）。

シリコンバレーのＩＴ関連職場ではテレワークが普及している。しかし、ちょっとした逆行現象が生じた。12年に業績悪化に苦しんだヤフーが、起死回生を託してＣＥＯに迎えたのがマリッサ・メイヤーだった。グーグル役員からの転職、37歳の若さ、華やかな雰囲気が人目を引いたが、さらに、彼女は妊娠中だった。出産後は自分の執務室のすぐそばに保育室を設置して勤務。翌年、職員に自宅勤務禁止、出社命令を出した。職場でのコンタクトや会話からアイディアが生まれ、創造力となり、仕事効率の上昇になるという説明だった。自宅勤務の否定は時代錯誤だという非難も出たが、自宅勤務を制限する方向へと動いた企業も出た。

とはいえ最近は、フレキシブルな勤務時間とテレワークの可能性の有無が、職場選択のますます重要な要素になりつつある。シリコンバレーでは優秀な人材確保の熾烈な競争があり、ただの食事やスポーツ施設だけでなく、家事代行サービスに至るまで多様なベネフィットを提供している。期限なしの育休制を発表した企業も出てきた。優秀な人材は企業に対し交渉力があり有利な条件を引き出せるし、家事や育児サービスを購入できるが、交渉力、財力がないと苦しいというのが現状だ。

女性と子供の貧困問題、所得・富の分布の不平等

連邦政府は、家族の構成によって、「貧困線」を定義している。例えば、子供2人を含む4人家族の場合は2・4万ドル未満の年収だと「貧困」とみなされる。「貧困線」の半分以下の収入の場合は、「極貧」になる。

15年の貧困者は4300万人、貧困率は14%で、女性15%、男性12%であった。貧困女性の4割は極貧だ。貧困は人種別に大きな差があり、白人9%、アジア系11%、黒人24%、ヒスパニック21%だ。18歳未満の子供の20%が貧困であり、その44%は極貧にある(Income and Poverty 2015)。

家族形態別に貧困率を見ると、夫婦世帯の場合は6%だが、父子世帯の場合は15%、母子世帯では28%にも達する。貧困な子供の半分は、母子世帯に生活している。母子世帯の貧困率を人種別に見ると、アジア系15%、白人23%、黒人36%、ヒスパニック31%。

65歳以上の貧困率は10%だが、特に独居女性の場合は19%に達する。多くの女性にとって、仕事と家庭・育児の両立の困難さは、まだ日々の現実問題であるし、女性と子供の貧困問題、特に母子家庭の貧困は深刻である。人種による収入格差も大きい。

図6　18歳未満の子供のいる家族形態の変化（1960-2013）

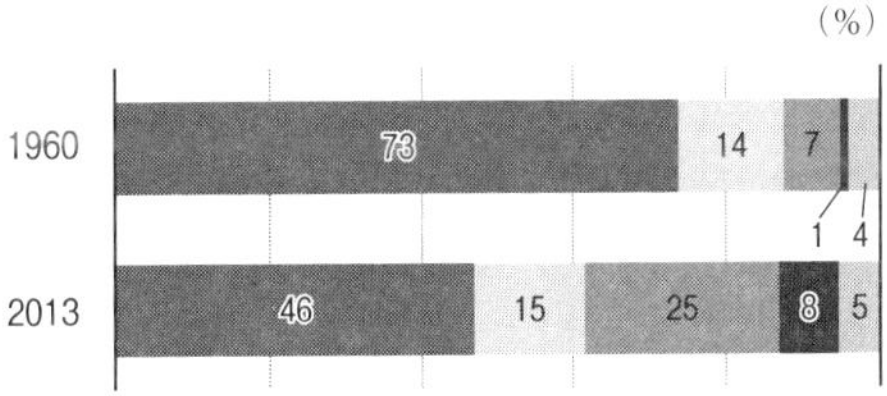

■両親と子供からなる伝統的な核家族　■子供のいる再婚家族
■母子家族　■父子家族　■親と住んでいない子供

＊同性婚家族は両親家族ではなく、単親家族に含まれている

Bureau of Labor Statistics, Current Population Survey 2013より作成

アメリカの所得分布は著しく不平等であり、しかも不平等は70年以降拡大し続けている（第4章2）。14年には、トップ0・01%がアメリカの総所得の5%、トップ1%が21%、トップ10%が48%を獲得した。少数に所得が極端に集中している。トップの報酬のみ上昇し、中下位労働者の賃金は増えていないのだ。「富」（総資産）の分布は、さらに一層極端に不平等で、トップ1%がアメリカの富の35%を所有している。トップ5%は63%、トップ10%で77%、トップ20%が実に89%を所有し、その下の80%の人々が所有する富のシェアは11%にすぎない。まさに、「中下位層を犠牲にし

たトップ1%への富の集中と貧困の拡大」という社会的不公平問題だ。

ところで、女性もこの高額所得者トップ層に参入している。近年、女性は企業トップへと着実に進出しており、少数の大企業女性CEOの報酬は男性CEOを上回っている。

トップ0・1%における女性のシェアは11%、トップ1%で16%、トップ10%では27%が女性だ。女性たちのトップへの上昇はめざましいのだが、それでも、女性労働者のシェアは48%だから、トップ・グループにおける女性はまだ過少だということにもなるのだが（Washington Post, 2014.10.15）。

このトップ富裕層に仲間入りする女性はこれからも増えていくだろう。夫との高所得ダブル・インカム世帯が増えれば、世帯の所得、資産は一層集中する。対極には、ボトムに沈んでいる女性や子供が大勢いる。これらの貧困者は、社会的組織化するゆとりも手段もなく、改善を求める有力な社会的発言力を持たない層だ。「持つ者」と「持たない者」の分化は、女性の間でも広がっている。

4　テクノロジーと女性、人種

多様性の価値化、しかしもれるパイプライン

「ＳＴＥＭにおける女性・マイノリティの少なさ」は古くからの問題だが、テクノロジー革新の震源地、社会変化の発信地シリコンバレーで、近年再び大きな関心事となっている（ＳＴＥＭ＝Science, Technology, Engineering and Mathematics。ＳＥＴが使用されることもある）。

革新的テクノロジーは経済の主要推進力だ。技術者需要はますます拡大している。70年代後半の国際経済競争激化の中で、研究開発助成と共に、理工系人材プールの拡大と平等推進が強調され、女性・マイノリティ技術者の増加は、国家政策となった。80年に「理工系機会平等法」が成立し、ＮＳＦ（国立科学財団）に対し女性・マイノリティ雇用拡大のアファーマティブ・アクション推進や報告書作成を義務づけた。90年代には、ＳＥＴ関連産業の拡大で理工系労働者不足が一層深刻となり、海外からの流入が増えた。連邦議会の「女性・マイノリティ前進委員会」による報告書『ＳＥＴにおけるアメリカの競争力としての多様性』（２０００）は、女性・マイノリティ・ハンディキャップ者の理工系進出による人材プール拡大の必要性を強調した。

社会的ステータス、給与ともに高い技術職に女性・マイノリティを増やすことは、「経済的必要」だけでなく、「平等化」の課題でもある。さらに近年は、「労働力の多様化」が

革新的テクノロジーの創出、経済発展に貢献することが強調されるようになった。「多様な人々による多様な思考」は、イノベーションを推進する力となる。多様性の価値化は、これまでは、差別否定の「公平原則」から主張されてきたが、近年は、経済原則に合致しているという次元が加えられた。多様性を、革新的発明や創造、競争力、組織変革の力にしようとする考え方だ。企業のヒューマン・リソース部は重要な戦略部門となった(Deloitte, 2015; Credit Suisse Research, 2016)。

企業はこれまでしばしば、IT企業でのテク(技術系)職や幹部における女性の少なさの理由として、人材プールの少なさを挙げてきた。70年代からSTEMに女性を増やすための努力がされてきたが、大学でコンピュータ・サイエンス専攻の女性は、30年前と比べむしろ減少している。女性は学士号取得者の57%に達するが、コンピュータ・サイエンス分野では17%と少ない。プロフェッショナル労働力の57%を占めているが、IT関連分野の25%を占めるにすぎない。女性にとって、STEMは今もまだ「もれるパイプライン」なのだ。

理数工系女性をいかに増やすか

女子の理数工系苦手意識や脱落は小学校高学年で始まり、上に行くに従って理数工系の

表8　IT関連の学位と仕事における女性の割合（%）

①学士号取得者全体における女性の割合（2014）	57%
コンピュータ&インフォメーション・サイエンス学士号	17%
研究大学におけるコンピュータ・サイエンス学士号	15%
＊参考：1985年のコンピュータ・サイエンス学士号	37%
②プロフェッショナル労働力における女性の割合（2015）	57%
コンピューティング・プロフェッショナル職 （内訳：白人16%、アジア系5%、黒人3%、ヒスパニック1%）	25%
企業におけるインフォメーション分野トップ役員（CIO）	17%

NCWIT資料より作成

女子は減る。理数工系パイプラインからの女性の脱落をいかに止めるか？　大学でのSTEM専攻女性をいかにして増やし、テク企業における平等化と多様化と労働力需要をみたすことができるか？　大学のジェンダー研究や女性団体だけでなく、企業もその原因分析と対策に力を入れてきた。

理数工系は男性領域であり女子に向いていないというステレオタイプやバイアスの変更、実習的アプローチやグループ学習等のペダゴジー（教育方法）採用、支援的環境作り、キャリア開発プログラム、ネットワーク形成、アウトリーチ活動（サイエンス・サマーキャンプ等）、ロールモデルとなる理系の女性教員や企業の女性リーダーの増加、メンタリング充実等、広範だ。

最近特に広がっているのが、女性のコンピュータ教育・訓練プログラム提供やネットワーキング&サポート組織のインパクトだ。「女性とIT全米センター（NCWIT）」は、研究組織、企業、政府機関等600以上のグループをメンバーとし、企業や大学や各種団体と提携して、テク女性のためのコミュニティ形成、女子のためのテク教育カリキュラム・ペダゴジー開発、メンター・プログラムを提供している。「アニタ・ボーグ・インスティチュート」（コンピュータ・サイエンティストだったボーグがパロアルト市に設立）が主催する「グレイス・ホッパー祝典」には全世界からコンピュータ分野の女性1万人以上が参加し、ネットワークだけでなく、企業がテク女性をリクルートする機会ともなっている。女性向けテク教育訓練・メンター・プログラムを提供する団体も増えている。

シリコンバレーのIT企業も、「多様性のためのファンド」設立、大学のSTEMに女性・マイノリティを増やすプログラムの支援、女性・マイノリティによる起業の支援等を始めた。IT企業スタートアップに占める女性割合は3％のみだが、起業に必要な資金へのアクセスの少なさ、男性クラブからの締め出し、女性の能力に対する懐疑的態度、等は今でも存在するからだ。近年、企業は社会的責任を重視し、労働力の多様化や平等問題、環境問題との取り組みを強調している。しかし、急速に事態改善というわけではない。多様性や平等へのコミットメントの強調は良好な企業イメージの宣伝が中心であり、実際には具体的改善の効果を生んでいない企業は多い。

オバマ政権は、企業に性・人種別賃金データ提出を義務付けていた。オバマ政権の終了直前に、労働省は、グーグルの男女賃金格差の大きさを問題にして賃金データ提出を要求し、法廷で争っていたが、トランプ政権になって限定的な資料提出で決着した。労働省は、オラクルについても賃金格差の調査を行っていた。しかし、17年8月にトランプ政権は、企業の性・人種別賃金データ提出要求を停止すると発表した。

表9　シリコンバレーIT 企業の労働者の多様性

（%）

		白人	アジア系	黒人＆ヒスパニック	女性
グーグル	テク職	60	34	3	17
	上層幹部	72	23	3	21
フェイスブック	テク職	60	34	4	15
	上層幹部	74	19	6	23

シリコンバレーIT 企業発表“Diversity Report”より作成

労働者の多様性――シリコンバレー企業レポート

14年にシリコンバレーの著名ＩＴ企業数社が公表した「労働者の多様性レポート」が、大きな関心を呼んだ。労働者50人以上で連邦政府と5万ドル以上の契約を持つ企業は、「公民権法」によって、労働者構成をＥＥＯＣに提出する義務がある。公表義務はないのだが、女性グループからの要求に応えて、グーグル、アップル、フェイスブック、リンクトイン、ツイッター等数社が、労働者の性別・人種別構成を公表した。「労働者全体」「テクニカル職」「ノン・テクニカル職」「上層幹部職」の4カテゴリーに分けて報告している（人種は国内労働者の数字だが、男女構成は海外労働者も含む数字なので、シリコンバレーでの労働者構成と多少のギャップがありうる）。

レポートは、テク職での女性や黒人・ヒスパニックの過少さ、テク職を支えるアジア系のトップでの少なさ（バンブーの天井）を示した。アジア系問題については第1章7で詳述したので、ここでは女性について見る。

男女構成を見ると、これらIT企業の総労働者の男女比はおおよそ7対3、ノンテク職は男女ほぼ半々だが、テク職になると女性は約15％、幹部職では約20％と低い（「幹部」の共通定義はなく企業がそれぞれ集計しているので、厳密な比較はできない）。女性グループは、テク職と上層幹部における女性の増加をIT企業に要求すると同時に、いかに理数工系女性を増やすかという古い問題と再び取り組んでいる。

5　生殖をめぐる終わりなき闘い

避妊と中絶選択権の要求

人が自分の体やセクシュアリティや生殖について、自己管理権、決定権を持つことは、人権の基本だ。しかし、女性の体やセクシュアリティや生殖は歴史的にしばしば男性にコントロールされてきた。60年代の女性運動は、避妊、妊娠、出産、中絶から、レイプや性的暴力、ドメスティック・バイオレンス（DV）、セクシュアル・ハラスメント、売買春、人身売買、ポルノ、メディアにおける女性の性的モノ化表象まで、多数の問題を取り上げた。

特に生殖は、女性にとって、妊娠から出産、育児、仕事との両立まで人生の重要な問題にかかわる。しかし、将来の人口、労働力、さらに社会的宗教的倫理観とも関係しているため、しばしば女性の自由は制限され、国家や世論の干渉を受けてきた。アメリカでは歴史的に中絶は法的に禁止されていなかったが、19世紀に禁止州が増え、20世紀初頭までにはほとんどの州で、母体の危険やレイプ等の場合を除き禁止された。しかし、実際には必要に迫られ多数の中絶が行われてきた。

避妊もままならなかった。「1873年コムストック法」が、避妊は反道徳的で淫らな性交を増やすという倫理観から、避妊具の販売や宣伝、避妊情報誌の流布を犯罪とした。コネティカット州法は、夫婦間での避妊具使用すら犯罪にしていた。女性が効果的避妊方法もなく、多数の出産や違法で素人的な中絶で苦しんでいる状況を改善しようと立ち上がったマーガレット・サンガーは、女性が自ら産児制限できるように、ダイアフラム等の避妊具の普及運動を始め、避妊クリニックを開設し、避妊薬研究開発を支援した。１９６０年に最初のホルモン使用の経口避妊薬（ピル）がＦＤＡ（食品医薬品局）に承認されて登場した。

60年代の女性運動は、ピル解禁と中絶選択権を強く要求した。女性用避妊具は、男性の避妊具使用に依存せず、自らコントロールできる方法として、重要な意味をもった。最高裁は65年に、夫婦間の避妊具使用をプライバシー権として認め（コムストック法廃止）、72年には、未婚者も含めすべての人の避妊具使用を合憲とした。避妊具の普及は性行為を生殖から切り離し、性倫理の変化を後押しする力となった。

女性たちからの体の自己管理権、中絶選択権の要求に対し、15歳未満の妊娠、レイプによる妊娠の場合の中絶、さらに24週までの中絶を合法化する州が増えた。司法闘争も展開し、中絶禁止の州法に対して一連の違憲訴訟を起こした。その一つ、レイプによる妊娠の場合も中絶を違法としていたテキサス州法を訴えたのが「ロー vs. ウェイド」（Roe v. Wade）裁判だ。最高裁は73年、中絶合法化という歴史的判決を下した。

しかしながら、この「ロー判決」は、事を決着したというよりも、逆にプロチョイス（中絶権支持派）と、プロライフ（中絶反対派）の激しい衝突を生んだ。カトリックは基本的にプロライフであり、プロテスタントの特に右派（エヴァンジェリカル等）は、70年代後半から80年代の保守化潮流を担った勢力であり、伝統的価値観や社会秩序の回復、プロライフを支持した。女性の自己管理権として中絶選択権を固守しようとするグループと、受精によって生命が始まると見る考え方に立って中絶の制限・禁止を目指すグループの衝突は、同判決から40年以上を経た今日さらに激化している。

医療の進歩で、経口ピル、IUD、皮膚埋め込み薬剤、リング挿入等多様な安全な避妊薬や避妊具が開発された。性行為後5日以内に飲めば避妊できるモーニング・アフター・ピルが、99年にFDAに承認された。さらに、胎児がまだ小さい間に流産を誘発させる新しいタイプの薬RU486は、大きな賛否論争を生みつつも、2000年にFDAによって承認された。手術による中絶に対し、薬剤中絶と呼ばれる。

ではこの間に、中絶数はどのように変化したのか？　73年の中絶合法化以前は年間100〜120万件だったが、合法化以後増加して80年代は約160万のピークに達したが、90年代から漸減し、2014年は93万件、これまでの最低だ。女性の半数近くが予定外妊娠を経験し、その4割は中絶される。つまり、妊娠の19％が中絶される。中絶薬の普及で、8割が妊娠12週（妊娠第1期）以内の中絶であり、21週を超える中絶は1％にすぎない（Guttmacher Institute, 2017）。

「ロー判決」とプロチョイスとプロライフの激しい衝突

73年の「ロー判決」は、女性の中絶選択権は憲法が保障する「プライバシー権」に含まれており、中絶禁止の州法は違憲であると認めた。しかし、州が「母体の健康」と「胎児保護」にも強い関心を持つことは正当であり、そのための中絶制限は許されるとした。具体的には妊娠期間9カ月を3分し、第1期は「胎児は母体外生存不可能」であり、中絶は母体にほぼ安全なので中絶を選択できるとする。第2期もまだ、「胎児は母体外生存不可能」であり中絶できる。州は、中絶が母体に危険である場合は制限できるが、胎児保護を理由とする制限はできない。第3期には、「胎児は母体外生存可能」(約24週)となるので、州は、中絶が母体に危険である場合だけでなく、胎児保護を理由として中絶を禁止できる。「プライバシーの権利」「女性の健康保護」「胎児の生命保護」をどう調整するか、最高裁は大きな枠組みを示したが、「州による制限」を認めたため、中絶はいつまで、どこで、どのような条件で認められるべきかをめぐる対立を生み出した。

プロチョイスとプロライフは、議会へのロビー活動、政治候補者の選択、裁判闘争、世論へのアピール、中絶クリニックの前でのピケ、医療保険カバーの賛否等あらゆる手段を動員して戦った。政党別には、民主党は中絶権支持、共和党は制限支持が強い。州はさまざまな中絶制限の州法を制定した。80年代に入ると、共和党政権が任命した裁判官が増えたことにより、法廷は中絶制限を拡大する州法を合憲としていった。さらに生命医学の発展で、胎児の成長を見るテクノロジーが進化し、また母体外生存可能時期が早期化した。「ロー判決」以降、プロライフは、州法のみならず連邦法でもさまざまな中絶制限を加えてきた。

①中絶費用を医療保険カバーから除外。連邦議会は、ロー判決からわずか3年後の76年に、母体保護の中絶を除き、中絶費をメディケイド（低所得層への公的医療保険）の対象外とした（ハイド修正法）。93年「宗教の自由回復法」は、宗教的信条に基づく中絶反対を理由として、企業が労働者に提供する保険カバーから中絶費を外すことを認めた。

②中絶へのさまざまな条件づけ。半数以上の州で何らかの中絶制限を課している。中絶手術前にクリニックを4回訪問、カウンセリング、胎児の超音波映像を見ること、状況説明を受けた上の同意、24〜72時間の待ち時間（夫の同意要求については違憲判決）、未成年少女の場合少なくとも片親の同意要求（または裁判官の承認）、医者に親への連絡を義務化、等。中絶医とクリニックに諸条件（30マイル以内の病院の利用可能、2人目の医者の存在要求等）を課し、特に農村地域の多くの中絶クリニックを閉鎖に追い込んだ。

③中絶クリニックでの闘争。80年代には、プロライフ派は、中絶クリニックでのピケや

抗議活動を展開。入口ふさぎ、カウンセリング、中絶翻意の呼びかけだけでなく、時には罵詈雑言を浴びせたり、医者や女性へのいやがらせ、脅し、爆弾等の暴力的手段をとることもあった。一部の州や市は、クリニック訪問者の保護のため、入口と周辺道路に立入り禁止ゾーンを設定した。最高裁は14年に、35フィート立入り禁止ゾーン設定について、「表現の自由」の侵害だと判決した。

④中絶可能時期短縮の動き。妊娠の起点を最後の月経とするか、その2週間後の受精とするかによって、中絶薬剤の使用可能期間を9週から7週に短縮しようとする動きがある。胎児の母体外生存可能時期は、かつては24～26週とされてきたが、医療の進歩により近年は22～24週と早まった。胎児の成長の映像化が可能となったことも、中絶禁止時期の早期化を求める動きを後押ししている。「痛みを感じることができる胎児の保護」のため20～22週後の中絶禁止法が15州で成立（判決によって執行停止中）。専門医学会は胎児は24週以内は痛みを感じないという見解であるが、プロライフ側は20週から感じると主張する。

さらに、「胎児の心臓鼓動が感じられた時期」から中絶禁止とする州法が出てきた。心臓鼓動により胎児は「人」であるという考え方に基づく。6週目頃に生じるので、中絶は事実上困難になる。心臓鼓動や12週から禁止とする州法は、これまでのところ違憲とされた。近年、「パーソンフッド（人格）は受精から始まる」「人はすべての成長段階で、奪われることのない生きる権利を有する」という条文を州憲法に挿入しようとする動きが活発化している。それは「生命は受精で始まる」というプロライフの原点への回帰であり、受精卵や胎児は、母親から独立した人間として保護される。中絶のみならず、多くの避妊方法も禁止される。2016年に入ってからも数州で法案が提出されている。連邦法としても成立させようという動きもある。

⑤「部分出生中絶」の禁止。1990年代以降、いくつかの州で「部分出生中絶」(partial-birth abortion)を禁止する州法が制定された。これは、胎児を子宮から吸引で引き出し、体が半分出たところで命を絶つ方法だ。通常、妊娠15〜26週の第2期に実施されるが、胎児が生存可能時期に入ってから行われる場合もある。2003年に、連邦議会が「部分出生中絶禁止法」を制定した(最高裁はこれに合憲判決)。

⑥ダウン症等の遺伝的疾患、人種や性を理由とする中絶の禁止。出生前検査医療の発達で胎児のダウン症がかなり正確に発見できるようになり、6〜9割が中絶されているという。ノースダコタでは13年に「胎児の遺伝的異常を理由とする中絶を禁止する州法」が成立した。インディアナでも16年に成立したが、すぐ差止め要求が裁判所に持ち込まれた。

プロライフの攻撃が先鋭化した背景には、10年選挙で、宗教右派、保守伝統主義者が結集して、連邦議会、州レベルでも共和党右派の大量当選を達成したことがある。それはプロライフ勢力であり、以来多数の中絶制限州法を導入させた。最終的には、「ロー判決」の転覆すらねらっている。

選挙では常に中絶に対する立場が重要な争点になってきた。16年大統領選では、宗教的右派を支持母体にしたトランプがプロライフ、「女性の権利は人権」と主張してきたクリントンはプロチョイス。トランプは就任早々、最大の中絶サービス提供組織「家族計画団体」への連邦助成を廃止、さらにオバマケアによる避妊ピル費と中絶費カバーの廃止をねらっている。ペンス副大統領は揺るぎないプロライフ派だし、保健省トップにもプロライフ派を任命。共和党多数の議会、最高裁への保守判事の任命によって勢いづくプロライフ派と、危機感を高めるプロチョイスの押し合いは、これからますます激しさを増す可能性が高い（第4章3）。

6　体・セクシュアリティの侵害は減らない

女性の5人に1人がレイプ経験

女性が男性の所有物として考えられていた時代には、夫が妻に性行為を強制することはレイプにならず、有夫女性を犯した時のみレイプとなった。白人男性による黒人女性のレイプは頻発したが罪とならず、黒人男性による白人女性のレイプは厳罰となった。女性の体やセクシュアリティは、今も最もリスクにさらされている分野だ。女性に向けられる暴力や性的成功を男らしさの証しとして誇る男性文化は、女性を対等なパートナーとして見るより性的獲物としてみるレイプ文化を生んできたが、今も消えていない。

1970年代から、フェミニズムは、レイプを単なる男女間の性的関係の問題ではなく、女性支配の形態として分析した（前述）。夫婦間レイプ、デート・レイプ、近親者によるレイプ、大学におけるレイプ、DV、ストーキング、子供の性的虐待、人身売買、紛争地で多発するレイプ、等さまざまな性暴力を明らかにした。同性間やLGBTレイプも多いことがわかった。

女性グループは、一般への意識喚起活動、性暴力関連法整備の努力、レイプ・クライシス・センターやDVシェルター開設、犠牲者救援組織を広めた。93年の国連「女性に対する暴力撤廃宣言」に続き、94年には、「女性に対する暴力法」が成立。RAINN（Rape, Abuse & Incest National Network、94年設立）は、レイプ・ホットライン、全国のレイプ・クライシス・センターと連携、政策提言、広報活動を展開している。

女性や子供の性的利用を目的としたトラフィッキング（人身売買）も、インターネットの利用によって、より急速に拡散している。「96年コミュニケーション品性法」は、ウェブ提供会社を免責にしていたが、オンライン・トラフィッキングを抑制するため、売春広告を掲載するピンプ（売春事業者）だけでなく、ウェブ会社にも責任を負わせようとする法案が論じられている（Stop Enabling Sex Trafficking Act）。

レイプや性的暴行の頻発は深刻な社会問題だ。ホワイトハウスに設置された「女性・少女委員会」は、2014年、報告書『レイプと性的暴行――あらたなる行動を』を提出した。そこからいくつかの数字を拾ってみよう（表10）。

レイプ、性的暴行、未成年者の性的利用、DV等の正確な実数把握は困難だ。性暴力の過半数は警察に報告されないという推定だ（RAINNによると68％は報告されない）。夫やボーイフレンド、知人等によってレイプされた場合、警察への通報の心理的困難さは想像に難くない。レイプによる妊娠は3・2万件に上る。

加害者のみならず、被害者もレイプという明確な認識を持たない場合も多い。支配されやすい状況、報復への恐怖、羞恥心、特に身体的傷害がない場合のレイプ証明の困難さから、警察への届出を断念することが多い。また、レイプで受けた心理的後遺症の影響、裁判で再び傷つけられることの恐怖もある。年齢が低い場合は状況をうまく説明できない。

何がレイプになるかの定義の狭さも、過小評価の一因だった。レイプの定義は、192

表10　レイプと性的暴行統計

- 毎年29万人の犠牲者。被害経験女性は2200万人、５人に１人が一生においてレイプ・性暴力を受ける。
- 若い女性は特にレイプされやすく、被害者の44％は18歳未満、80％は30歳未満。
- 高校生対象の調査では、女子の12％が性的関係を強制されたと報告。
- レイプ・性暴力の加害者の98％が男性。
- 加害者の大半が、配偶者やパートナー、デートの相手、家族、知人。見知らぬ人物は14％のみ。
- 警察に報告されるのは68％のみ。報告されても逮捕されるのは７％、起訴は３％、有罪判決を受けるのは２％。98％は１日も刑務所に収監されることなく自由になる（FBI、司法省統計）。
- 男性は被害者の10％。全アメリカ男性の３％、33人に１人が被害経験者。犠牲者の28％が10歳以下でレイプされる。
- ３～５％の男児が性的利用を経験。男子高校生の５％が性的関係を強制されたと報告。

The White House Council on Women and Girls, Rape and Sexual Assault: A Renewed Call to Action（2014.1）より作成

7年に規定されたままだった。オバマ政権時の12年に、レイプの定義が拡大、明確化された。「力によって女性の意思に反し」から、「明確な同意がなく」に変更され、レイプに該当する範囲が広くなった。夫婦やパートナー間にも適用される。「同意」は双方の自由と相互理解に基づき、意識的、肯定的、任意的でなければならない。酒やドラッグの影響、睡眠中、子供等同意の意思表示ができない場合は、「同意」にならない。抵抗や抗議の不在や沈黙は、同意にならない。同意は途中で撤回できる、等。

大学キャンパスでのレイプや性的侵害

アメリカでは、大学は安全というイメージとは程遠く、性犯罪は多い。５人に１人

の女性が大学在学中にレイプや性的侵害を受けるという数字がある。パーティでの飲酒、ドラッグ、失神等の状態で起こる場合が多い。肉体的力の行使や男性性を誇示する傾向の強いスポーツ選手が加害者となることが多い。「性的侵害」は必ずしも明確な概念ではないし、調査の正確性についての疑義はあるが、性犯罪の頻発は深刻な問題であることに間違いない。

「1972年教育修正法」第9条は教育における性差別を禁止するが、犠牲者の教育的機会と利益を損なうことになるレイプや性暴力、セクハラ、性的利用も含まれる。90年の「キャンパス安全策と犯罪情報開示ジーン・クレリー法」は、学生寮でレイプされ殺害された女子学生の名前をとった法律だが、大学に犯罪統計と安全策・犠牲者救済策を教育省に提出させ、かつ現学生・親・教職員にも情報へのアクセスを義務づけている。しかし、犠牲者全員が被害届を提出するわけではない。しかも、大学が提出する「犯罪統計報告書」は、届出件数を大幅に下回る数字を使用している。エリート研究大学を会員とする「アメリカ大学協会」による27大学調査によると、4人に1人が被害にあうが、公表される数字ははるかに少ない。214件の届出があったのに、7件と報告している大学もある。ハーバードは、58件の届出に対し、報告は33件。さまざまな理由で統計からもれる。

また、大学におけるレイプの横行や、大学の対策の遅れや不十分さが指摘され、また加害者の制裁は、退学措置は非常に少なく、一定期間の停学や寮居住禁止、作文提出等ですまされることが多い。

オバマ政権は11年に、大学や学校に対しレイプや性的暴行に対しより厳しい政策を要求し、違反した大学には補助金を出さないというガイダンスを出した。レイプの証明の困難さが、レイプの訴えを抑え、また訴えがあっても加害者を有罪にすることを困難にしていたため、証明を簡単にした。犯罪の証明は、通常、「明確で確信的証拠」の提示が要求されるが、レイプの場合は、「レイプがなかったというよりもあったと考えるに十分な証拠（51％の確証）」でよいとした。ガイダンスはまた、被害届出があったら6カ月以内の調査完了を要求し、被害者と加害者が会って双方の意見を言う調停は、大学が加害者に緩やかな決定をとる傾向があるとして否定された。大学はこれをもとに防止策や厳しい処罰を採用するようになった。12年にレイプの定義を広げたことは先に述べた。

しかし、トランプ政権の教育省長官は、17年9月に、オバマ政権によるガイダンスは、犠牲者保護中心で、加害者として糾弾される学生に不公平であるとして、このガイダンスを撤回し、性犯罪の証明を従前のより厳しい基準に戻し、全体的に大学のより弾力的対応を認める方向で変更を検討すると発表した（第4章3）。

セクシュアル・ハラスメントの蔓延

セクハラは、70年代後半にフェミニストによって雇用上の差別として概念化され、判例も認め、広く一般用語となった。セクハラは「歓迎しない」性的意味合いの行為であり、口頭によるもの（性的要求、性的ジョークやコメント等）、身体的なもの（触り、ジェスチャー、視線等）、書かれたもの（性的意味合いの手紙、ポルノ等）すべてが構成要素となりうる。

セクハラにかかわる最も著名なケースが、91年に生じた。クラレンス・トーマスは、連邦最高裁の最初の黒人判事サーグッド・マーシャルの退職に伴う後任として、ジョージ・H・W・ブッシュ大統領の指名を受け、上院司法委員会での公聴会に臨んだが、アニタ・ヒル（黒人女性、法学教授）がＥＥＯＣ時代に、当時ＥＥＯＣの長だったトーマスからセクハラを受けたと非難した。この公聴会の模様は全米に放映された。結局、彼は上院の承認を得て2人目の黒人最高裁判事に就任し、進歩派だった前任者に対し最保守の一人となった。このケースはセクハラについての意識喚起となり、ＥＥＯＣへの苦情提出を激増させた。企業もセクハラ予防のトレーニングや対応策を設定するようになった。

近年ＥＥＯＣへの苦情提出は年間７５００件ほどだが、セクハラが実際にどの程度頻発しているかは不明だ。今も、報告せずに埋もれる場合が多いからだ。「ハフィントンポスト」調査（2013.8.27）によると、女性回答者の13％が上司によって、19％が同僚等によってセクハラされたが、その70％は、報復や職場でネガティブに見られることを恐れ、社内担当部局にも報告しなかったと回答している。男性の場合は、それぞれ6％、14％だ。かつては、女性が男性上司や同僚を訴えるケースが中心だったが、近年は、男性が男性を訴えるケース、男性が女性を訴えるケースも増加している。

トランプは、選挙中に女性十数人から過去におけるセクハラや性的侵害を公表され、わいせつな発言の録音テープがメディアで流れた。17年には、パワフルな男性によるセクハラ経験を訴える女性たちが続々と出てきた。右派メディアの「フォックス・ニューズ」の所有者と人気番組キャスターが、共にセクハラで訴えられ、辞職に追い込まれた。金と権力を手にすれば女性の体に自由アクセスがあると考える男性は、後を絶たない。17年10月に、ハリウッドの映画・TV制作会社オーナーによる長年のセクハラ、性的侵害が明るみに出ると、人気女優を含む50人以上の女性たちが次々に自分も経験したと名乗り出た。著名な俳優たちに対しても、過去にセクハラや性的侵害を受けたという訴えが続出している。

沈黙ではなく、発言しようという呼びかけに応えて、10年前に作られたオンラインサイト「MeToo」への書き込みが爆発的に増えている。「MeToo」運動は、アメリカだけでなく海外にまで広がっている。

シリコンバレーの著名投資会社に対するセクハラと女性差別訴訟があったが、ウーバーその他の会社も槍玉に上がっている。火の手は連邦議会議員にまで及び、共和党、民主党両党の議員数人が辞職したり、再選への出馬を断念した。セクハラ問題は政界の勢力図にも影響を与える問題に発展した（第4章、おわりに）。さらに、連邦第九巡回区控訴裁判所の判事が辞職した。

大学でのセクハラも多い。カリフォルニア大学バークレー校が近年セクハラ問題で揺れている。学生間だけでなく、名門法学院の学部長、著名天文学教授、大学研究担当副学長によるケース、女性副学長補佐による男性部下へのセクハラ、スポーツ・チームのコーチによるケース等、責任あるポストの職員によるセクハラに対し、大学幹部がのらりくらり対応で、謝罪文と減俸程度の甘い処罰ですませようとしていたことが明るみに出た。防止策の徹底と違反者への迅速なる厳罰へとやっと動き出した。

女性兵士の進出とセクシュアリティ・リスク

女性兵士の戦闘参加が16年から完全解禁された。男性の最後の砦を壊して、女性の軍隊への進出はめざましい。しかし、一方で、女性兵士の4人に1人がレイプやセクハラを経験するというショッキングなレポートが出た。軍への女性の進出の光と陰について見よう。

アメリカの軍事力は、人数でも、割合でも、任務の面でも、もはや女性なくしては機能しない。兵力１４０万人のうち、女性は21万人、15％を占めている。陸軍14％、海軍16％、空軍19％。将軍等の最高位にある軍人約１０００人のうちの70人（７％）、予備兵の20％、国境警備隊の16％が女性だ（Statistic Brain, Women in the Military, 2016.7.1）。

過去を見れば、大きな戦争には女性も常に動員され、男性の代替労働力として生産を支え、戦地では炊事洗濯、負傷者看護、後方支援をした。第二次大戦後の１９４８年「女性兵力統合法」が、女性に軍隊における正規の位置を与え、女性の参加は拡大した。しかし、戦艦への乗船禁止、戦闘に参加する飛行禁止、戦闘行為への参加禁止、等々の制限があった（なお、同年、人種統合命令も出され、兵士の人種分離が終わった。軍における同性愛者およびトランスジェンダーについては第３章で取り上げる）。

ヴェトナム戦争で反戦運動、徴兵抗議運動が広がる中、リチャード・ニクソンは73年ヴェトナムからの撤退を決め、徴兵制は廃止され、志願制へと移行した。男性兵士の減少を女性が補充する形で兵力は維持された。

70年代の男女平等要求運動の展開、女性の社会進出の中で、軍隊への進出も増えた。エリート軍人養成大学（サービス・アカデミー）にも女性たちの入学が増えた。70年頃から、女性たちの要求に対して、イェール、プリンストン等の私立名門大学は長い男子校の伝統を捨て、女性を受入れたが、軍人養成校も、75年までにすべてが共学となった。ウェスト・ポイントは合格率10〜15%というエリート校であるが、最近では新入生1200人ほどの15%が女子だ。

女性の軍事活動への参加はどこまで可能であり、どこが禁止されるべきなのか？　80年代の主流フェミニズムは、女性の兵力参加の拡大、戦闘参加禁止の範囲の縮小を要求した。94年に国防省は、女性のキャリア機会拡大の指針を出し、8万のポストを女性に開いたが、地上での直接的戦闘を使命とする任務と、大半の女性にとって肉体的に無理な任務からの除外は残った。

90年以降の一連の中東戦争は、戦争の展開を大きく転換させた。伝統的な前線と後方支援という区別が薄れ、戦闘部隊だけでなく支援的部隊も、敵の攻撃を受ける危険、捕虜になる危険がある。イラクとアフガニスタンでは28万人の女性が戦闘地域に配置され、150人の死亡者、860人以上の負傷者が出た。女性軍人グループが、「女性も戦闘地域に配置され戦死傷の犠牲も払っているのに、戦闘参加禁止策のために戦闘参加と見なされず、貢献やキャリア・パスの面でも正当な評価を受けていないのは性差別である」と国防省を提訴した。

そしてついに、国防省は、2016年から女性の戦闘参加とエリート・ユニット参加の解禁へと踏み切った。ポストが要求する資格を満たしている場合は、機会が平等に与えられることになる。「戦闘行為」にかかわるこれら22万のポストは、給与が高く、軍隊内でのより早いキャリア昇進に結びつく。したがって、新しい政策は、女性のキャリア・パスを拡大することになる。

軍は巨大な雇用組織だ。そこには、人種・性・ゲイ差別等が一般の労働市場と同じく存在し、加えて軍という特殊性を理由とする差別の長い歴史があり、これらの差別撤廃に向けた長い道のりを歩んできた。女性兵士たちの活躍には隔世の感がある。職種が要求する資格をみたしていれば、性別と無関係に採用することが職業の機会の平等だという原則が、軍隊にも適用されることになった。

「性差別の最後の砦」の撤去の可否に対して、どんな反応があったのか？　軍の指導者たち、女性議員、フェミニストたちの多くは、賛成を表明した。世論調査でも、「女性の戦闘参加」を66％が支持、支持率に男女差はない。元軍人も65％が支持している。女性の参加は戦闘力の低下にならないと、50％が回答している。女性の軍事力への貢献は評価されている（Washington Post & Pew Research, 2013.1）。

女性の戦闘参加禁止の理由として挙げられてきたことは、体力的に無理、捕虜のリスク、生理の問題、地上戦では女性は軍の戦闘力を低下させる、等だったが、女性は兵士としての実績を積むことにより、このような主張の根拠を崩してきた。

そして、最後のグレーエリアがセクシュアリティ関連だ。男女のコンタクトが多くなれば一層多発しかねない男女関係の問題、妊娠への対応、セクハラやレイプの問題について見よう。

女性進出の裏でレイプ頻発

女性の輝かしい達成の裏に、それを阻む陰湿なバリアがある。それは、戦闘地域の敵による攻撃よりもむしろ多発している自軍の男性兵士による性暴力やセクハラだ。

上述したように、女性は一生において5人に1人、大学在学中に4人に1人がレイプされるという数字だが、女性軍人は軍隊にいる間に3人に1人がレイプされると言われ、国防省とランド・コーポレーションが共同で実態調査をした。その14年報告書によると、軍隊での性的暴行被害者は約2万人、女性の5%、男性の1%、セクハラは女性の22%、男性の7%という数字だ。ただし、一般女性の場合は被害者の約65%が報告しないが、軍隊では86%は報告されないという。被害報告は最近増えたが、国防省の「軍隊における性的暴行報告書」によると、15年には6100件の性的強制行為が報告され、そのうち有罪とされたのは250件、わずか4%だ。除隊処罰はその半数にすぎない。性犯罪は犠牲者の沈黙で隠される場合が著しく多いのだが、軍における性暴力は明るみに出るのはまさに氷山の一角にすぎない。さらに、報告された場合でも、加害者が処罰されるケースは著しく少ない。

軍におけるレイプ、性暴行、ハラスメント問題は蔓延し、大きなスキャンダルも何件か起きたにもかかわらず、組織的に隠蔽され、実効的な防止策、犠牲者救済措置がとられなかった。そのような軍の対応の不適切さが、近年ようやく深刻な問題として指摘されるようになり、国防省もやっと真剣に対策に乗り出した。

問題として、①性犯罪への対応は、上司（男性）の裁量に任されており、組織と加害者のキャリア保護を優先させ、女性被害者の救済よりも苦情取り下げを示唆する。レイプ報告者の90％が精神的不安定、不適応等の理由で除隊させられている。通常の司法裁判所に達することなく、軍内で処理され葬られる。②レイプ報告者の6割が、いやがらせ、降格等の報復措置を受けた。団結と忠誠を強調する軍文化の中で、トラブルメーカーとして同僚兵士から避けられ、孤立する。所属の変更を要請しても無視される。「レイプ犠牲者は二度犠牲になる」と言われるが、それが典型的な形で現れる（Karisa King, San Antonio Express-News, 2015.5.13）。

女性の身体的侵害を軽視する男性文化と、組織的団結、厳格な上下関係・命令系統が支配する男性中心の軍文化の結合が根底にある。女性への性暴力は、女性の社会的進出のすばらしさとは無関係に続いている。性暴力の根絶は、軍における平等達成の喫緊の課題となっている。

女性の進出は続く。15年には、陸軍のレンジャー・スクールと呼ばれる最も厳しい2カ月間の軍事訓練を3人の女性が卒業するという快挙を果たした。海軍のエリート特殊部隊SEALやSWCCも女性に門戸開放された。17年夏に初めて2人の女性が、肉体的精神的極限に近い訓練コースに参加した。そのうち女性SEALが現れるのかもしれない。女性の将校も増えることだろう。

7 「社会変革を支える新しい知」の創出と普及

社会変革が推進されるには、社会問題の認識、分析と変革のビジョン、説得力ある理論化が不可欠であり、変革を求める運動の担い手、世論動員による広い支持、法律・判例・政策の変化が必要だ。以下で、60年代には社会改革を推進する「新しい知」が生み出され、大勢の参加者が運動の担い手となったことを見よう。

伝統的知の批判、新しい知の創出

「知」は、単なる「人類が集積してきた過去からの知識の総合」ではない。知は力である。知が人々の意識、行動を形づけ、社会規範や制度を作る。知は支配の手段ともなる。支配的グループが作る知は、支配を維持する力として機能する。しかし、知は解放の力でもあり、社会改革の力ともなる。だから、誰が知の生産に参加し、どんな知が生産され、普及されるのかが、重要な問題となる。

公民権運動、女性運動は、伝統的知の変革運動も生んだ。人種・エスニック・マイノリティは、支配的グループである白人男性による白人男性中心で、マイノリティを無視、歪曲してきた伝統的知に挑戦し、新しい知の創造をめざした。大学に少数のブラック・スタディーズの授業が登場し、68年にカリフォルニア州立大サンフランシスコ校に「エスニック・スタディーズ学部」が設立され、翌年にはカリフォルニア大学バークレー校に「アフリカン・アメリカン・スタディーズ学科」が開設された。これらの人種・エスニック・スタディーズは、単なる学問知にとどまらず、平等要求運動とのつながり、コミュニティとのつながりを重視した。

女性運動は60年代後半には大学キャンパスに広がり、女子学生からの要求に応えて、女性についての授業が登場し、ウィメンズ・スタディーズ（女性学）が始まったが、瞬く間に全米の大学に広がった。多くの大学が、いろいろな分野でばらばらに提供されていた授業をまとめて「インターディシプリナリー（学際的）プログラム」、一部では「学科」を開設した。

多くがウィメンズ・スタディーズ、フェミニスト・スタディーズという名称を使ったが、80年代には、女性だけでなく男女関係性が分析の対象だという考え方と男性学の発展もあって、「ジェンダー・スタディーズ」という呼び方が増えた。

女性間の差異を無視した白人異性愛女性中心主義に挑戦して、ブラック・フェミニズムやレズビアン・フェミニズムが発展した。90年代以降、「セクシュアリティ・スタディーズ」「クィア・スタディーズ」「LGBTスタディーズ」「トランスジェンダー・スタディーズ」が広がっている。さらに第三世界の女性たちは、フェミニズムの西洋中心主義を批判し（オリエンタリズムやポストコロニアリズムのインパクト）、多数多様なフェミニズムが展開している。これら全体がジェンダー研究を構成し、平等運動を理論的に支えてきた。

フェミニズム理論の発展

多様なフェミニズムの流れについて、本章1で簡単に述べたが、発展の過程で相互批判や取り入れがあるので、単純な大分類は不適切かつ不可能だ。しかし、異なる流れが全く消滅してしまったというわけではなく、現在でもさまざまな分析に異なるパースペクティブを提供している（ホーン川嶋、末尾参考文献）。

リベラル・フェミニズム（主流派フェミニズム）は、「理性的人間観」「個人主義」「公私分離」「機会の平等・公平な競争・メリトクラシー」というリベラリズムの枠組みに立ち、性・人種差別を廃止してより公平な社会を築いていこうとする。その「男女平等アプローチ」は、能力の男女同一性を強調し、「社会のメインストリームへの参加によって」、個人の変化、さらには社会全体の変化を求めた。特に女性の経済や政治への進出を阻む性役割やステレオタイプの解消、労働での差別的慣行、制度的差別の撤廃に努めた。あらゆる分野における差別の分析と変革のための方法や政策が論じられた。例えば近年は、理工分野と女性（前述）、医学・医療におけるジェンダー・バイアス（男性患者を基準）とその改革等も論じられている。

ただし、「男女平等アプローチ」には批判もある。①自助努力中心であり、個人の努力に立ちはだかる制度的・構造的制約に十分な注意を払わない。そのため、不成功は個人の責任として見る傾向が強い。②男性社会の参入は、男性の基準への適応にすぎず、社会の大きな変革にならない。③労働や政治の公領域中心の分析であり、家族内での力関係、セクシュアリティ、家事育児問題、男女関係等は私領域の問題、個人的問題として、十分な分析をしなかった。④精神的能力の男女同一性を強調するあまり差異を極小化し、特に「体」関連問題を無視した、等である。

ラディカル・フェミニズムは、リベラル・フェミニズムの公私分離と公領域中心の分析を批判し、愛、結婚、セクシュアリティ、家族内での性役割、出産・育児、家事等の私的領域にもある男女間の関係の不平等を分析した。性関係や再生産関係（生殖）の分析を中心に置き、女性の抑圧に家父長制という表現を与えた。

ラディカル・フェミニズムは、男女の差異を強調し、女性の生命力、生命を育む力は女性の力の源泉であると見た。女性の直感、感覚、情感、主観、順応性、生殖力、自然への近さは、これまで、男性文化（理性主義、客観主義、自律、自然の克服等）によって低く評価されてきた。しかし、これらは女性の力であり、人類社会にとってより望ましい価値であると主張した。

マルクス主義フェミニズム・社会主義フェミニズムは、マルクス主義の生産関係と階級分析に、ラディカル・フェミニズムの性関係と再生産関係の分析を取り入れた。資本主義にとっての家族や再生産労働（家事、育児等）の意味、イデオロギー装置としての家庭（男／女らしさ、性役割規範の学習／社会化）、女性の労働者としての問題（低賃金、性による職域分離、労働力予備軍）、等を分析した。女性が行う再生産労働の無償性が、家庭でも社会的にも女性を従属的な地位に置いていること、また再生産労働担当者であることが、労働者としての女性の二次性、低賃金、搾取、労働力予備軍としての位置づけと関連していること等を分析した。

ポストモダン／ポスト構造主義は、西欧近代思想を構成してきた安定した自律的主体概念、理性中心の人間概念、知の客観性、一般理論の追究、西欧中心主義等を批判し、その土台を切り崩し、不安定化することをねらう思想として登場した。現実も、主体も、文化や知も、言葉や言説やイデオロギーの中で構築されるというポストモダン思想の影響が強まる中で、フェミニズムの関心も、言葉、文化、知、主体の問題へと移行した。

近代的「主体」概念や「知」こそは、ながらく男性を基準にして女性を排除し、歪曲し、劣位に置くように機能していたものであり、したがって、このような女性にとって抑圧的な「主体」「知」を批判していくことは、重要な闘いの場であるという認識からであった。また、個人の存在は社会制度や構造によって受身的に決定されてしまうという決定論から離れ、既存の抑圧的制度を批判し変革していこうとする力（エイジェンシー）はどこから出てくるかを論じる必要があった。

主体、カテゴリーの問題

フェミニズムにとって、「女性の主体化」は常に重要な課題であった。近代思想において、主体／客体、精神／肉体、理性／感情というようなさまざまな二項対置が、男性／女性と結び付けられ、上下化されてきたことの解体（脱構築）をめざした。リベラル・フェミニズムは、男女間の本質的同一性の強調によって女性の主体化を主張した。ラディカル・フェミニズムは、男女の差異を強調し、「女性」の価値化を強調した。

ポストモダン・フェミニズムは、二元論的（二項対置的）認識論の解体こそが必要であると見た。歴史的身体的存在である人間概念、言語や言説やイデオロギーによって構築される主体、流動的・矛盾的な主体を強調するポストモダン的主体は、男性を基準とし女性を他者化してきた近代的主体概念（理性的、自律的、安定した統一的主体）を否定し、女性を劣位から解放する途を示すものと考えられた。

言語や言説やイデオロギーによって構築される主体という考え方においては、女性の主体／自己／アイデンティティがどのように作られていくかのプロセスの分析が重要なテーマとなる。統一的主体概念はアイデンティティの中にある複雑性を切り捨て、統一的なものへと還元してしまうとして反対する。主体やアイデンティティは、それぞれが置かれている状況の中でさまざまな衝突と緊張の上で形成されるものであり、内部にさまざまな差異や矛盾を抱えた複層的で複面的、プロセス的主体である。

ポストモダン・フェミニズムは、女性という単一のカテゴリー（グループ）化やアイデンティティは女性間の差異を捨象し、女性間の上下関係を生むとして反対する。単一の概念に代わって、階級、人種、民族、セクシュアリティ等と交差し（インターセクショナリティ）、複数で複雑に構築された社会的アイデンティティとして扱う。統一的包括的一般理論としてのフェミニズムではなく、差異や衝突と交差する、状況的、位置的な複数のフェミニズムである。

人種・民族であれ、ジェンダー、セクシュアリティであれ、カテゴリー化はしばしば差別と結びついてきたものであり（第1章参照）、カテゴリーの不安定化や解体は、差別を解消する力になりうると見る。

知とジェンダー

近代の「知」は真理の発見とその表現であり、真理へと至る方法の客観主義、科学主義は、「知」の中立性を保障するものであった。ポスト構造主義は、「知」を「力」と結び付けた。フーコーは、主体のみならず、知も言説において構築されるのであり、それは力関係と結び付いていると言う。力は知に内在する。近代の「知」が前提したような絶対的真理というようなものは存在しない。言説＝知＝力＝利害関係という結び付きの上に築かれる「真理のレジーム（体制）」があるにすぎない。言説を通した力の戦略によって、主体の構築とその管理が行われ、制度へのはたらきかけが行われる。

このような考え方は、フェミニズムに、知の客観性・非利害性・ジェンダー中立性の仮定に挑戦し、知に潜む利害関係、力関係を露出する視点を提供した。フェミニズムは発展の初期から、知は男性によって男性の経験を中心として作られており、女性の経験はしばしば無視、歪曲、あるいは劣位化されてきたことを問題にした。80年代には、「主体」と共に、「知」は中心課題となった。近代科学がいかに女性を排除してきたか、知の中にいかに男性優位が組み込まれているかを分析した。

ジェンダー中立とされてきた概念、用語、知が、実はいかに深くジェンダー化されているか、社会秩序の編成要素として作用しているか、多くの分析が行われた。女性／男性の意味づけをする文化的活動、言説活動は、女性／男性の主体を構築する。そして、主体の行為を通して社会的現実が構築される。主体は、意味、知、文化と現実とを結び付ける仲介である。

フェミニズムにとって、女性自身が知の生産者となり、女性を劣位化している知を修正していくことが必要であった。いかにして支配的文化すなわち男性の知に対抗する新しい知を生産していくか？　経験を知の重要な源泉として重視した。経験は各人それぞれ異なるわけであるから、経験の強調は差異の価値化ともなる。自己の経験と他人の経験との交差は、異種多様な分析を可能とし、知の源泉を拡大するものである。それは相互排除となる「差異」ではなく、相互交流となる「差異」である。

社会変革のためには、さまざまな形で存在する抑圧に抵抗し、批判し、変更していくように能動的に働きかける主体を構築していくことが必要である。言語や言説やイデオロギーによって完全に構築されてしまう主体という決定論から脱出し、クリティカルに思考し、判断し、いろいろな状況の中で抵抗、拒否、調整あるいは受容するというようにさまざまに対応し行動する力（エイジェンシー）を持つ主体概念である。

カリキュラム・教育方法の変革、社会的活動主義

学問知から大衆文化までのすべての文化的生産活動は、常に主体に働きかけ主体を構築し、社会的現実を規定する力として作用している。教育は、「主体」と「知」の構築の主要な場である。フェミニズムにとって、大学におけるジェンダー・スタディーズやペダゴジー（教育方法）は、知の変革と共に、社会変革のエイジェント（能動的主体）を生みだす教

育の一環として重要な意味をもつ。

①誰が知の生産に参加し、②どんな知が生産されるか、③どの知が教育カリキュラムに組み込まれ、④どのように伝達され学習されるかは重要なテーマとなった。

教育カリキュラムは、単に知の伝達・学習をはるかに超えて、個人の考え方や生き方から、政治、経済、文化のあり方の土台となる。したがって、時に激しい衝突の場となる。ジェンダーについての新しい知をリベラルアーツ・カリキュラム全体の中に組み込む努力がされた。しかし、大学における女性学の浸透とカリキュラム化は、多くの衝突と調整のプロセスであった（第1章9、90年代の「カリキュラム論争」や「文化戦争」）。

教育方法も、「主体」と「知」の構築にかかわり、女性の生き方と社会の変化を推進する教育の中核的役割を担うものとして重要であり、伝統的ペダゴジーの根本的改革を求めた。

さまざまなペダゴジー論があったが、重要な柱は、①教室は学生と教師のコミュニティである。学生中心の主体的学習、協同的学習、共同的リーダーシップを重視。教師主導や教師と学生の上下関係の否定。②教室は知の構築の場である。教師が学生に知を伝授するのではなく、多様な参加者間のインタラクションを通して知を作る。③女性の経験を知の源泉として価値化し、男性中心の伝統的知にクリティカルに対抗する。④人種や階級、セクシュアリティ等による女性間の差異・多様性を価値化する。⑤理論と実践の結合によって、学生の個人的変化、さらに社会的変化を生み出すエイジェントになるよう奨励する、等々。このようなペダゴジーは、今では大学の授業全体に広がっている。

女性学は女性運動に起源を持ち、教育と研究の両輪で発展したが、女性運動とのつながり、社会的活動主義（アクティビズム）を重視した。能動的主体の構築、新しい知と社会価値の創出と普及が、半世紀にわたって、アメリカの平等推進力となってきた。

第 3 章

LGBTの平等要求運動の勝利

2013年の調査では、アメリカ国内において12万組の同性カップル家族が、21万人の子供を育てている。（提供：DGimages/Shutterstock）

近年の平等要求運動の中心を担ったのが、ＬＧＢＴ（レズビアン・ゲイ・バイセクシュアル・トランスジェンダー）であり、差別廃止へと大きな成果を勝ち取ってきた。

特にこの15年ほどゲイ運動を牽引し、社会的関心を集めてきたのが、同性間結婚の承認問題であった。それは、伝統的規範を揺るがす問題であるだけでなく、結婚、家族、子供の育成という社会の根幹的制度にかかわる問題である故にこそ、ゲイ問題の垣根を超えて、賛否の激突を生んだ。双方すさまじいまでのエネルギーを投入し、政治を動かし、司法に訴え、メディアを活用し、世論を動員した展開と、２０１５年６月の合衆国最高裁判所による同性婚の法的承認という成果を見ていこう。さらに近年は、トランスジェンダーへの配慮が重要な平等問題となっていることも取り上げよう。

１　ＬＧＢＴ――セクシュアリティとジェンダーの多様性

ＬＧＢＴ人口はどのくらいか？

「センサス」は、１９９０年から同性カップルとその家族形態について調査項目に入れていたが、「セクシュアル・オリエンテーション（性的指向）」や「ジェンダー・アイデンティティ」についての大きな調査はなかったため、ＬＧＢＴ人口は把握しにくかった。ＬＧＢＴの定義の仕方（自己認識、性的行動、性的関係等）、調査実施の困難さもあった。カリフォルニア大学ロサンゼルス校ウィリアムズ研究所は、ＬＧＢＴ研究の重要な拠点だ。ゲリー・ゲイツ所長は、11年に、04～09年の調査を利用して、「ＬＧＢＴと自己認識する18歳以上の成人」は成人人口の３・８％、約９００万人（うちトランスジェンダー70万人）と推定した。「同性愛行為の経験がある」という回答者は８・２％、「同性に性愛的感情を抱いた経験がある」という回答者は11％であった（Gates, 2011）。

性研究のパイオニア、アルフレッド・キンゼーは、48年のキンゼー・レポートで、男性の性行為は「異性愛」「同性愛」の二分化ではなく、むしろ「異性愛のみ」「同性愛のみ」を両端とする連続的状況であること、「同性愛のみ」の男性は10％だと述べた。この数字を根拠に長らく「男性の10％がゲイ」とされてきた。近年の調査は、ＬＧＢＴ３・８％という小さな数字を示すと共に、セクシュアリティの多様性、二分化カテゴリーの不適切さを示している。

ギャラップが12年に、「自己認識」をもとにした、電話インタビュー方式による大規模な年次調査を開始した。16年の成人ＬＧＢＴは成人人口の４・１％、約１０００万人、12年よりも１７５万人増加した。男性よりも女性の方が多く、古い世代よりも80年以降生まれの若い年代の方がはるかに多い。若い世代は、同性愛の社会的容認の広がり、身近にも同性愛者が増加という社会変化の中で成長し、ＬＧＢＴであると回答しやすい状況になったのだろう。トランスジェンダー人口は、成人の０・６％、１４０万人に加えて、未成年13〜17歳の０・７％、15万人だという数字だ（Herman, 2017）。

セックス、ジェンダー、セクシュアリティ

セクシュアリティ、ジェンダー・アイデンティティは非常に多様だ。まず初めに、ＬＧＢＴについての用語を整理しておこう（Stryker参照）。

伝統的に、セックスは生物的性を指し、非可変的であり、男／女の2カテゴリー化されてきた。しかし、男女を生理的に区別する性器が不明瞭な場合もある（インターセックス。幼児のうちに手術することが多い）。一方、ジェンダーは社会的文化的性であり、男／女という生物的性（セックス）についての性規範（男／女らしさや性役割等）を学習して、自分は男／女だというジェンダー・アイデンティティを持つようになる。それは時代、場所、社会、文化等によって異なる可変的概念である。

セクシュアリティは性的感情・欲望であり、その対象、セクシュアル・オリエンテーション（性的指向）がどこに向けられているかによって、異性の場合がヘテロセクシュアル

（異性愛者）、同性に向けられる場合がホモセクシュアル（同性愛者＝レズビアン、ゲイ）、両方に向けられる場合がバイセクシュアル、性的欲望がない場合はアセクシュアルである。なお、ゲイは、男性同性愛者を呼ぶ場合と、同性愛男女の総称として使用される場合の二通りがある。バイセクシュアルはＬＧＢＴの中で一番多いが、ＬＧＢＴ運動の中であまり目立たないグループだ。

トランスジェンダーは、生物的性（セックス）とジェンダー（ジェンダーのアイデンティティや表現や行動）が一致していない場合を指す。トランスとは境界線を横切るという意味だ。肉体的性は男性だがジェンダー・アイデンティティは女性の場合、あるいは肉体的性は女性だがジェンダー・アイデンティティは男性の場合がある。ＬＧＢＴ運動の中にあって長らく不可視的存在であったが、近年、可視化、活動化している（後述）。トランスヴェスタイトあるいはクロスドレッサー（異性装）は、異性の衣装・化粧をする欲望をもつ人々だが、同性愛とは別である。

クィアは、伝統的には、異性愛者が同性愛者を指して使った蔑視的表現であったが、性的マイノリティ・グループから、この表現をむしろ積極的肯定的に使おうという動きが出て、90年代以降クィア運動の展開や、クィア・スタディーズの拡大を見た（後述）。クィアを加えて、ＬＧＢＴＱという表現も使われる。

生殖（リプロダクション）については、新しい生殖テクノロジーの発展が子供を持つ可能性を拡大し、肉体的性、ジェンダー、生殖の関係も変化している。レズビアン、ゲイの他、代理母を使えば男性単独でも子供を持てる。

2　同性愛者は歴史的にどのように扱われてきたか？

西欧における変遷

西欧史を振り返るならば、同性愛者の社会的位置づけは時代と共に著しい変遷をたどってきた。同性愛者であったと言われている著名な人物は多い。アレキサンダー大王、ローマのハドリアン皇帝から、何人かの中世の法王やヨーロッパの国王、ミケランジェロやダ・ヴィンチ、より近い時代でも、オスカー・ワイルド、チャイコフスキー、近代経済学の巨人ケインズ、キンゼー、『性の歴史』を書いたミシェル・フーコーとリストは長い。妻帯両性愛者もいる。

ただし、同性愛の扱われ方、社会的意味づけは時代によって大きく異なる。古代ギリシャでは、年長の男が若い男児を相手に性愛行為をすることは、一定の条件のもとで普通に行われていた。同性愛は非道徳的だという発想がなかった。美しいものに対する性的憧憬、賛美であり、あるいは男児を青年へと導く教育的意味もあった。共和制ローマにおいても、男性自由市民の能動的な同性愛行為はマスキュリニティ（男性性）として考えられていた。この頃はまだ、「ホモ」「ヘテロ」というセクシュアリティによる二分化概念がなかった。「ホモセクシュアリティ」という言葉が作られたのは、1869年カール・マリア・ベンケルトによるとされている。

ローマ帝国になって、キリスト教の浸透と共に、同性愛に対する考え方はより否定的になった。主流キリスト教は、聖書を根拠に、男女の婚姻内での生殖のための性行為が自然であると考えた。同性愛行為は、「自然法に反する犯罪」「宗教的罪」であり、「反道徳」となった。婚姻外性行為、婚姻内であっても生殖に結びつかない性行為は非難すべき性行為となった。

イギリスでは、ヘンリー8世が、同性愛行為を死刑とする刑法を制定し（1533）、19世紀まで厳しい刑罰、過酷な労働が科された（例えば、オスカー・ワイルド）。ヨーロッパ大陸では、啓蒙思想をうたったフランス革命の後、1810年のナポレオン法典が同性愛行為を非犯罪化し、非犯罪化あるいは刑の軽減が広がった。公的な場での同性愛行為で逮捕されたら、処罰に代わって、医学的診察に送られ、19世紀後半からの科学的セクシュアリティ研究の発展に貢献した。同性愛は、神学的な反道徳議論を離れ、医学、心理学、精神分析、法学の領域で議論されるようになった。同性愛は、「嗜好として選択する」という考え方から、「生来的で、非選択的、深い人格的特徴の一部である」という考え方に移行した。しかし、「精神的変態・欠陥」という見方が強まり、治療や予防が重視されるようになった。

同性愛は精神疾患という見方に反対し、同性愛は生来的セクシュアリティの一態様であると論じて、同性愛者の権利を擁護する学者たちも登場した。「ホモセクシュアル」という言葉を作ったベンケルト、サディズム・マゾキズムという言葉を作ったクラフト＝エビング、発達論的セクシュアリティを示したフロイト等。少し後にはアメリカで、キンゼーが1948年の「キンゼー・レポート」においてセクシュアリティの二分化ではなく連続という考え方を示し、セクシュアリティの多様性を説いた。

アメリカへの差別の移植

イギリスからアメリカに渡った植民者たちは、同性愛犯罪化を植民地に移植し、独立後はどの州も厳しい処罰規定のある同性愛法を制定した。しかし、南北戦争（1861－65）後の産業革命の進行の中で、都市地域に同性愛者が集まるようになり、近代的サイエンスの発達が、同性愛者に対し医学的、精神医学的、法的関心を向け、性的逸脱者、精神障害者として認識されるようになった。

第二次大戦後社会の保守化の中で、同性愛は不道徳として嫌悪が高まった。ジョセフ・マッカーシー上院議員が扇動した共産主義の恐怖と赤狩りは、ゲイにも向けられ、ゲイの政府職員は共産党員によってブラックメールされ国家機密が流出しかねないという理由で解雇された。ゲイ抑圧は強化され、雇用差別、住居差別、公共的施設での差別、警察によるいやがらせや不当な取り締りや暴行、一般市民による暴力、教会からの追放を受けた。

このようなゲイ迫害に対抗するため、1950年に初めてのゲイ組織「マタシン会」がロサンゼルスで設立され、55年にはレズビアン組織「ビリティスの娘たち」がサンフランシスコで設立された。ゲイのコミュニティー作りと草の根的平等要求運動が始まった。しかし、マッカーシズムの脅威の中で次第に保守化し、対立的姿勢を避け、社会的容認を求める運動が中心となった。

3　同性愛者の差別撤廃を求める戦いと達成

ストーンウォール・イン事件

1969年6月28日、ニューヨーク市のゲイ・バー、ストーンウォール・インへの警察の立ち入りで騒動が始まり、数日のうちに大きな抗議運動へと発展した。ニューヨーク州には公的な場での同性愛行為を禁止する州法があり、ゲイ施設にはときどき警察による取り締りが入り、閉鎖されることもあり、ゲイたちの間にくすぶっていた不満が爆発した。

この事件は、ゲイ運動の状況を大きく転換させた。それまでの社会的容認を求める穏健な運動から、より組織的、闘争的な運動へと変わり、公民権運動、女性運動に刺激されつつ、抑圧からの解放、平等な権利要求運動へと結集した。1年後にニューヨーク市で「ゲイ解放デー・パレード」を開催、これはやがて「ゲイ・プライド」として全米に広がり、さらに海外にも波及、毎年6月末の大きなイベントとなった。

同性愛は精神病ではない――アメリカ精神医学会の決定

アメリカ精神医学会は、52年に、同性愛は「精神疾患、反社会的人格障害」と位置づけた。これにより、同性愛は、「宗教的罪、反道徳的」という見方から離れ、医学的治療の対象になった。68年には、「反社会的人格障害」ではなく、「性的変態」とされた。しかし、69年のストーンウォール事件後のゲイ活動家は、このようなラベルはゲイへの社会的偏見を助長するものとして強く批判した。アメリカ精神医学会は、73年になって、同性愛を精神疾患リストから外した。これはゲイ運動にとって大きな達成であった。

同性愛者グループの政治力の拡大

ゲイ・グループは70年代以降、政治力の拡大を重視して、選挙でのゲイ候補者の発掘と支援に努力し、当選者を増やしてきた。サンフランシスコでは77年、ゲイのハーヴィー・ミルクが市会議員に当選し、ゲイ差別撤廃に努力したが、1年後、ゲイ支持のジョージ・モスコニ市長と共に、元市会議員によって殺害された。判決での刑の軽さに抗議運動が生じ、79年10月14日の「ワシントンでの全米行進」となった。10年後の87年10月11日に第2回「ワシントンでの行進」が60万人ほどの参加で開催され、レーガン大統領に差別撤廃、エイズ問題への対応を要求した。ゲイ問題の可視化のために、88年から10月11日に「全米カミングアウト・デー」が始まり、国際的な広がりとなって今に続く。著名人たちがカミングアウトするようになった。

連邦議会では81年にバーニー・フランク下院議員が登場、87年にカミングアウトし、民主党の重鎮となったが、12年に同性婚した。12年秋の選挙では、最初のレズビアン上院議員がウィスコンシン州で当選、下院議員にはＬＧＢ６人が当選するという大きな成功を収め、ＬＧＢＴ運動に弾みとなった。17年現在も７人のＬＧＢＴ議員がいる。

同性愛行為の犯罪化から合法化へ

連邦最高裁は86年に、「同性愛行為は、憲法修正第14が保護する性的プライバシーの対象にはならない。州は私的、合意的同性愛行為を犯罪とする権利がある」と判決した（Bowers v. Hardwick）。これは、同性愛行為を犯罪とする州法をもつジョージア州で、警官が交通違反の件で訪れた家で、たまたま同居人が合意的同性愛行為を行っていたため逮捕したケースにおける判決だ。

最高裁がこの判例を覆したのは03年、私的な場での合意的同性愛行為は、「憲法修正第14が保護するプライバシー、自由である」とし、同性愛行為を禁止するテキサス州法を違憲とした（Lawrence v. Texas）。同性愛を犯罪とする州法は、60年代以降多くの州で漸次廃止されたのだが、まだ存続していたテキサス他13の州法がすべてこれによって廃止され、ゲイ権利運動は同性愛行為の合法化という大きな権利を勝ち取った。

完全な差別撤廃を求めて

①「64年公民権法」第7条は、「人種、皮膚の色、宗教、性、出身国による雇用上の差別」を禁止しているが、「セクシュアル・オリエンテーション、ジェンダー・アイデンティティ」による雇用差別禁止は抜け落ちている。ゲイ教師の解雇をめぐって、かつて多くの訴訟が起こされた。72年にワシントン州タコマ市の教師が同性愛者であることがばれて解雇されたケースで、州最高裁は、「同性愛は道徳に反するし、教師としての仕事遂行の妨げになる」という理由で解雇を認め、連邦最高裁もそれを覆さなかった。最高裁が、キスなどの同性愛的行為を公的な場でしたゲイ教師の解雇を認める州法を違憲としたのは、85年になってのことだ。

「セクシュアル・オリエンテーション」や「ジェンダー・アイデンティティ」による差別禁止は、22州が制定しているが、連邦法としては、これまで何回か提案されては流れ、まだ成立していない。LGBTは、差別禁止の連邦法の制定を強く要求している。

②「69年連邦犯罪法」には、「人種、皮膚の色、宗教、出身国による憎悪犯罪」からの保護規定があるが、「ジェンダー、セクシュアリティ」は入っていなかった。98年にゲイ

青年が殺害された事件をきっかけに、「2009年憎悪犯罪防止法（Hate Crimes Prevention Act）」が成立し、「ジェンダー、セクシュアル・オリエンテーション、ジェンダー・アイデンティティ」もカバーするように拡大された。州もさまざまなバイアスに基づく憎悪犯罪法を規定している。しかし、いじめやいやがらせ被害、鬱の経験、自殺の試み等はヘテロ人口における数字よりも高い。

③軍隊での差別撤廃も要求した。93年以前は、ゲイは従軍を禁止されていた。クリントン大統領は、禁止撤廃の方向を打ち出したが、軍部からの抵抗は強く、結局、妥協策として、93年に「聞くな、言うな（Don't Ask, Don't Tell）」政策が採用された。これによって、ゲイであることを黙っていれば入隊できた。この政策は、オバマ政権の下で11年に廃止され、オープンに従軍できるようになった。ただし、解禁前までに、1・3万人がゲイであることがオープンになって軍から排除された。

トランスジェンダーは、11年のゲイの完全受入れ改革から除外され、引き続き従軍禁止、除隊の対象となっていたのだが、オバマは16年10月から禁止を解除した。国防省は、130万人の従軍者のうち、7000人がトランスジェンダーだと推定している（1・5万人ほどの現&予備兵という推定もある）。ところが、トランプは、トランスジェンダー従軍禁止政策への逆戻りを指令した。性転換手術等の医療費は軍に重い負担になるし、軍の秩序を乱すという理由だ。この指令に対し訴訟が起こされたが、首都ワシントン地区連邦裁判所は、執行の仮差し止めを命じた。メリーランド地区連邦裁も同様の判決を出した。

④ゲイ運動は、いくつかの性別団体におけるLGBT排除を非難してきたが、ボーイスカウト連盟は最大の標的となった。同会は、将来のよき市民、指導者養成を目的として設立され、100年の歴史をもつが、同性愛は同会が育む価値観に合致しないという理由で、ゲイをスカウト、リーダーから排除してきた。長年のスカウトで18歳になった時にリーダーに応募したデイルが、ゲイを理由に拒否されたため訴えたケースにおいて、州最高裁は「ゲイ排除は公共的組織における差別禁止に違反する」と判決したが、連邦最高裁は00年に、「私的組織はメンバー選択権があり、憲法が保障する表現・結社の自由である」と覆した。

しかし、この判決はかえってボーイスカウトのゲイ排除に対する批判に火をつけ、抗議が組織の内外で広がった。同連盟はついに1世紀にわたるゲイ排除策を変え、14年からゲイのスカウト参加を認めたが、リーダーへの否定は続けた。しかし、社会の潮流が同性愛者受入れへと大きく傾く中、15年にゲイ・リーダー承認を決定した。17年にはトランスジェンダー少年の加入を認めた。これによって、LGBT差別策は終わった。

4　同性間結婚の法的承認、同性婚世帯の増加

近年のゲイ運動の最大の焦点が、同性婚の法的承認の要求だった。同性カップルは、かなりの州で、「シヴィル・ユニオン」「ドメスティック・パートナーズ」として登録すれば、異性婚に近い権利・利益を認められていた。しかし、経済的ベネフィットだけでなく、結婚に伴う社会的正統性、象徴的意味、ステータスの面も含めた異性婚との完全な平等を要求した。運動は5年ほどの短期間にモメンタムを得た。

同性婚承認を要求する運動の展開

同性婚を異性婚と全く同じ法的結婚として承認するよう求める声は70年代に始まったが、93年ハワイ州最高裁が出した同性婚承認判決をきっかけとして大きな運動となった。同性婚反対派は、同性婚が全米に波及することを恐れて、反対キャンペーンを全米で展開した。同性結婚制度については、連邦法には直接の規定はなく、原則として州の決定事項とされてきた。しかし、同性婚要求運動が高まる中で、連邦議会は96年に「結婚保護法」(Defense of Marriage Act) を成立させた。この連邦法に初めて、「連邦制度における結婚とは男女間

の結合である」と定義する条文が挿入された。そのため、結婚に認められている連邦法関連のベネフィットは異性婚に限定され、同性間の関係には否定された。特に大きいベネフィットとして、税法上の配偶者控除や共同申告、配偶者相続税免除等の優遇措置、社会保障の寡婦・寡夫年金、配偶者医療保険、療養中のパートナーの訪問権や治療決定権、アメリカ人と外国人との婚姻に認められている外国人パートナーの永住権取得、等があった。

州でも、結婚を男女間に限定するように動き、05年までに35以上の州で同性婚は禁止された。結局、①「異性婚と全く同等な法的同性婚」として認める州、②「シヴィル・ユニオン」「ドメスティック・パートナーズ」として、結婚と同じか一部のベネフィットを認める州、③「同性婚禁止、結婚は男女間のみ」とする州まであった。

一方、同性婚承認要求の動きも活発化した。特に04年は画期的な年となった。マサチューセッツ州が、州最高裁判決によって、全米で最初に同性婚を認めた。西海岸ではゲイが多く住むサンフランシスコ市で、同性婚支持の市長のもとで、4000組が同性婚した(州最高裁はこれを無効とした)。

04年の大統領選で初めて、「結婚とは何か?」が議論された。しかし、ブッシュ大統領、ケリー民主党候補ともに、「結婚は男女間のもの。同性間は結婚と同等扱いのシヴィル・ユニオンでよい」という意見であった。08年大統領選においてもまだ、共和党マケイン、民主党オバマ、対抗馬ヒラリー・クリントンともに、伝統的結婚を支持した。

情勢は12年秋の選挙で大きく変わった。オバマ大統領が、それまでの立場を変え、「結婚する権利は、憲法修正14によってすべての人に保障されている」として、同性婚支持を表明したのだ。挑戦者ロムニー候補は同性婚に反対した。同性婚支持はキリスト教保守層の反発をくらう政治的賭けだと言われたが、LGBT票がオバマの再選を助けた。この時の一般選挙で、LGB7人が連邦議員に当選し、4州が住民投票で同性婚を認めた。同性婚支持は国民の間に大きく広がっていった。

同性婚を認めた2015年最高裁判決

伝統的結婚制度維持派と同性婚支持派が、住民投票、州議会、知事、司法闘争等のあらゆる政治的法的手段を駆使して、二転三転の激しい攻防戦を展開したのが、カリフォルニアだ。

まず00年に、「結婚は男女間の結合」という定義を州婚姻法に挿入する市民提案(プロポジション22)が州住民投票で成立し、同性婚は否定された。州議会は05年に同性婚承認法案を可決した。シュワルツェネッガー共和党知事は署名拒否してこれを葬った。

そこで、同性婚支持派は、プロポジション22はゲイ差別であり州憲法違反だと訴え、州最高裁は08年に違憲判決を下した。その半年後には、反対派による「同性婚禁止州憲法修正案（プロポジション8）」が住民投票で成立。支持派は、これを合衆国憲法違反で提訴、10年に第一、二審ともに、「個人は結婚したい相手と結婚する権利がある。同性愛者の結婚権、市民的権利を侵害するプロポジション8は違憲」と判決。かくてこのケースは合衆国最高裁に持ち込まれた。

一方ニューヨークでは、連邦「結婚保護法」に対して違憲訴訟が起こされた。カナダで法的に同性婚しニューヨークに住んでいたウィンザーは、配偶者の死亡によって資産を相続したが、連邦税法上配偶者に認められる遺産相続税免除を否定され、高い税の支払いを余儀なくされたため、10年に、法的に同性婚しているのにベネフィットを否定する「結婚保護法」は違憲であると提訴した。第一、二審ともに、同条項を違憲とし、最高裁へと持ち上げられた。

この二つのケースの行方に全米が注視する中、最高裁は13年6月に、「ウィンザー訴訟」に関して、「結婚保護法」の当該条項は憲法の「適正なる手続きの保障」に違反するとした（Windsor v. U.S.）。これにより同性婚合法州で同性婚していれば、禁止の他州でも連邦法制上は異性婚と同じ扱いを受けることになった。

カリフォルニアの「プロポジション8」に関しては、州がすでに実施を停止していたため、合憲性について正面から論じることを避け、同性婚禁止は違憲とした控訴審判決が最終判決となった。とはいえ、この判決はカリフォルニア州への適用に限定されているので、全米では同性婚承認州と禁止州の二本立てのまま残った。

同性婚禁止にとどめを刺すことになる一連の訴訟が続いた。オバゲフェル等は、「ウィンザー判決」後ただちに同性婚合法州メリーランドで結婚したが、居住州オハイオが合法婚として認めなかったので提訴した。15年6月、最高裁は5対4で、同性婚禁止の州法は憲法修正14違反という歴史的判決を下した（Obergefell v. Hodges）。かくて、全米すべての州（13州が同性婚を否認していた）で同性婚が法的結婚として認められ、異性婚と全く同じに扱われることになった。

同性婚世帯、子育て同性婚世帯の増加

「アメリカ・コミュニティ調査」（センサス局）が、13年から、「同性カップル」について、「法的に登録した同性婚カップル」と「それ以外の同性パートナー・カップル」に分けて統計を発表している。13年の「同性カップル」は総数69万組、そのうち「同性婚カップル」は19％の13万組、残りの56万組が「同性パートナー・カップル」であった。

15年1〜4月にギャラップが実施した電話インタビュー調査では、「同性カップル」は

ほぼ100万組に増え、うち「同性婚」は39万組となった。これは、上記の最高裁判決の直前であり、まだ同性婚否認州もあった時期だが、同性婚は13年調査の3倍だ。判決後の統計はまだないが、「同性婚」はさらに増えているだろう。

13年には、「同性カップル」の18％、12万組が21万人の子供（18歳未満の実子、養子、ステップ〔連れ子〕、フォスター〔里子〕等）を育てていた。「同性婚カップル」は、「同性パートナー・カップル」よりも、所得水準が高く、貧困世帯が少なく、子供を育てている率が高い（Gates, 15.3.5）。

5　平等要求運動はいかにして大きな成功を勝ち取ったのか？

その数900万人、全人口の4％弱という小さなLGBT人口は、いかにして短期間にかくも大きな社会変化を生み出すことができたのだろうか？

社会変革の時代が後押しした

60～70年代にはさまざまなグループによる平等要求運動が展開し、ゲイ運動も大きな社会運動の一部となって、社会変革の潮流に乗っていた。性をめぐる規範も大きく変わった時代だ。経口避妊ピルの普及は、性行為を生殖から切り離し、性の解放を押した。「性行為は異性間のものであり、同性愛行為は非道徳的」という伝統的性規範は揺らぎ、「生殖を伴わないセックス」「快楽のためのセックス」「多様なセックス」が受容されるようになった。かつて犯罪とされていた同性愛行為は、「個人の自由、プライバシーとして保護されている」とした上記03年の最高裁判決（Lawrence v. Texas）で、同性愛の社会的容認に正当性を与えた。

また、平等要求運動の伝統をもつアメリカでは、現実には多くの不平等が存続しているのだが、少なくとも理念としては、平等を社会正義とする考え方が人々の意識の中に深く沁み込んでいる。人種、性、宗教、年齢、ハンディキャップ等による差別に続き、「セクシュアリティ&ジェンダー・アイデンティティ」による差別の撤廃は、平等への歩みとして訴える力をもっていた。

組織化、理論化、戦略化、政治力、動員力、世論形成の勝利

このような社会背景によるバックアップはあったにせよ、最大のパワーはゲイたちの努力から来た。歴史的に差別されてきたゲイは、50年代から組織を作って対抗してきたが、70年代からより強力な組織化を進めた。そして、国民にアピールする理論化（専門知識者の

動員）、戦略化（訴訟作戦、議会への働きかけ等）に力を入れた。政治進出による発言力の強化、選挙結果に影響する票田としてのパワーの獲得、動員力も拡大した。著名人のみならず一般多数のゲイによるカミングアウトにより、ゲイの存在がより可視化し、身近にゲイがいるという状況が増えたことも、支持を広げた。インターネット上での活発な情報提供活動も、ゲイ運動についての人々の理解を広げ、世論形成に有効に働いた。「ヒューマン・ライツ・キャンペーン」は最大のLGBT組織だが、その他にも多数ある。

メディアの力も大きかった。主流メディアの多くが、LGBTが経験する雇用差別、軍での差別、暴力被害等の問題を取り上げるようになった。特に同性婚をめぐっては、有力誌の多くが支持姿勢を強く出し、頻繁に記事を掲載し、世論形成に貢献した。

社会潮流は明らかに同性婚支持へと傾いていった。96年の「結婚保護法」成立時のギャラップ調査では、同性婚支持は3割以下であり、反対は根強く続いたが、10年を境に多くの調査で同性婚支持が過半数を超えるようになった。12年秋の大統領選で、オバマ大統領がそれまでの見解を変えて同性婚支持を表明したことは、このような動向を一層浮き彫りにした。伝統的に同性婚反対が強い共和党議員の中にも、また財界の有力者の間にも支持表明者が増えた。15年6月の最高裁の歴史的判決直前のギャラップ世論調査では、同性婚支持が6割に達した。

説得力ある理論の力――家族、子育てをめぐって

同性婚をめぐって裁判で争うためにも、政治の場で闘うためにも、国民の幅広い支持を得るためにも、説得力ある理論化は決定的に重要だ。同性婚をめぐる賛否議論は、どのように戦われたのだろうか？　社会の構成単位として最も重要な「家族」と「子育て」の2点に焦点を当てて見てみよう。

①「伝統的結婚の保護」vs.「結婚する権利の平等」

第1の争点は、結婚、家族とは何かをめぐってだ。同性婚反対論の核心は、「結婚は男女間の結合であり、子供を産み育てる制度である。そのような家族こそが道徳的に望ましく、社会的安定を支える。だからこそ、結婚は社会的尊厳、ステータスを与えられている。連邦『結婚保護法』や州法は、このような結婚に経済的法的ベネフィット、保護を与えているのだ」という点にある。

これに対し、同性婚支持論の核心は、「結婚する権利は、憲法ですべての人に保障されている」という点にある。かつて異人種間結婚は禁止されていたが、68年の最高裁判決(Loving v. Virginia)によって、「人種にかかわらず結婚する権利」が確立された（第1章）。

「セクシュアリティにかかわらず結婚する権利」も平等に保障されるべきだと論じた。

つまり、「伝統的家族観、道徳論からの反対論」から、「結婚する権利の平等論」へと国民の意見をシフトさせることに成功した。「同性間の結合はシヴィル・ユニオンとし、ベネフィットは異性婚と同じに認めればよい」という同性婚反対論に対し、「法的結婚として承認してこそ、ベネフィットだけでなく、社会的正統性やステータス、象徴的意味も含めた完全平等化が達成される」という支持派の理論は広い賛同を得た。

②子育てする親としての適性議論

前述したように、13年の統計によると、同性カップル家族の18％、12万組が、21万人の子供（実子、養子、ステップ、フォスター）を育てている。うち5・6万人の子供は養子、フォスターである。

反対派は、「男女を両親とする伝統的家族が、子供の育成に最適の環境である、同性の両親では、子供が不安定になる」と主張し、支持派は、「同性愛者は親としての適性を持ち、子供は健全な成長をする」と反論した。医学、精神学会、発達心理学、社会福祉関係者は一般的に支持姿勢をとった。近年発表の学術研究論文79本中75本が、ＬＧＢの親に育てられる子供は、男女両親家庭の子供と比べて、成長上のマイナスはないと結論付けている（Columbia Law School, 2017）。

家族形態や育児環境は著しく多様化してきた。男女両親の家族以外に、未婚者や離婚・死別によるシングル・ペアレント家族、再婚によるステップ家族も多い。代理母を使って子供を得た男性シングル・ペアレントもいる。同性両親と子供の家族もまたひとつの家族形態として定着し、急速に増えつつある。

平等への動きに決定的なインパクトを与えた重要な判例については既に取り上げた（前節）。60年代終わり頃から登場したジェンダー・スタディーズ、ゲイ＆クィア・スタディーズは、ＬＧＢＴＱにかかわる理論的視点を提供し、平等要求運動と共に発展して、理論と運動の相互強化をもたらした。

6　トランスジェンダーの運動と理論

25年間の運動

60年代以降のゲイ解放運動、女性運動の高まりの中で、トランスジェンダーは大きな位置を占めなかった。ゲイ運動は、白人男性ゲイ中心で、レズビアン、有色人種、トランスジェンダー等は縁辺化された。一方、女性運動においても特に初期には、性的マイノリティは縁辺化された。トランスジェンダーは自分たちのグループを形成したが、ゲイ運動、女性運動との連携を失い、大きな社会的発言力もなく、互助的グループにとどまっていた。60年代にジョンズ・ホプキンズやスタンフォード等の少数の大学病院が性転換手術を含むトランスジェンダーへの治療を提供し始めた。前述したように、アメリカ精神医学会は、ゲイについて、52年に「反社会的人格障害」、68年には「性的変態」としたが、ゲイ解放運動の要求を受けて、73年、同性愛を「精神異常リスト」から外した。しかし80年に、トランスジェンダーについて、「性同一性障害」(Gender Identity Disorder)というカテゴリーを作り、その診断と治療法マニュアルを作成した。トランスジェンダーは精神的疾患という位置づけにされた。

さらに、80年代にはＡＩＤＳ／ＨＩＶの広がりの中で、トランスジェンダーは多くの犠牲者を出した。90年代になって、ＬＧＢコミュニティから排除あるいは縁辺化されていたトランスジェンダーも含まれるようになり、ＬＧＢＴという語の使用が増えた。フェミニズムにおいても、クィアやトランスの運動と理論が注目されるようになった。(アメリカでは「トランス」という表現も使用されているので、ここでも互換的に用いる)

90年代半ばインターネットの時代になって、分散していた小さなトランス・グループがネットワークを作るようになり、２０００年代には、差別廃止や平等のための法制度要求、情報発信、サポート活動を始め、グループとしての発言力を高め、可視化、活発化した。トランスは、社会の規範的ジェンダーと異なる多様なジェンダーすべてを含む広い意味として使用し、広いコミュニティを作る方向で動いてきた。

ジェンダー二分化の外に生きるトランスは、新しい時代のアートや音楽、映画、小説の創作的パワーを生み出し、一般の関心も高めた。

とはいえ、トランスジェンダーは今なお、家庭や学校でのいじめ、レイプ等の性暴力、殺害や憎悪犯罪被害、ハラスメント、雇用や住居等の差別、軍隊での差別、失業や貧困、ホームレス、医療における差別や治療拒否、ＡＩＤＳ／ＨＩＶ、人間としての尊厳に欠ける扱いを経験することが多く、鬱病や自殺・自殺未遂も多い。特に男性から女性に変わったトランス女性に被害者が多い。

オバマは、15年1月の一般教書演説でＬＧＢＴ迫害を非難した。大統領がスピーチでＬＧＢＴに触れたのは彼が初めてだった。

トランスジェンダーは、手術やホルモン療法によって肉体的性を変更し、ジェンダー・アイデンティティと同一化させる人もいる。肉体的性を変えないまま、ジェンダー・アイデンティティに従って生きる人もいる。76年オリンピック10種競技の金メダリスト、ブルース・ジェナーが、15年春にトランスとしてカムアウトし、「これからは自分らしく生きたい」と述べて、手術とホルモン療法を受けた。女性名のケイトリンと改名し、そのモデル的な写真が大衆誌の表紙を飾った。トランスは一躍メディアのホットトピックになった。

ところで、カリフォルニアでは、「第三のジェンダー」を認める全米最初の州法「ジェンダー認知法」(Gender Recognition Act) が17年10月に成立した。運転免許証その他の州関連の書類に、男女という2カテゴリーではない「ノンバイナリー」と記入できる。これまでは、性転換を法的に行うためには、出生証明書、パスポート、運転免許証、ＩＤ書類、教育や医療関係書類等における性の変更を登録する必要があったが、「第三のジェンダー／ノンバイナリー」が正式に認められれば、複雑な手続きの必要がなくなる。結婚も、異性婚あるいは同性婚として登録できる。

ＬＧＢＴが、連邦差別禁止法に、人種や性、国籍等による差別禁止に加えて、「セクシュアル・オリエンテーションやジェンダー・アイデンティティ」による差別禁止の挿入を要求していることは前述した。

最近のトイレをめぐる衝突

トイレは歴史的に人種差別の一環として人種分離されていたが、人種平等化の中で人種別は撤廃された。今も性別は続いているのだが、近年トイレがトランス差別になるか否かが重大なトピックとなっている。

トイレの選択は肉体的性（セックス）によるのか？　ジェンダーによるのか？　①セックス論は、出生証明書に男性として登録されているトランスは、男性トイレを使用すべきであり、女性用トイレ使用は他の女性にとって安全リスクになりうると主張する。また、女性の体だが男性のジェンダー・アイデンティティの人が男性トイレを使うと、男性から襲われたり、いやがらせを受けるリスクがある。②ジェンダー論は、体は男性でもジェンダー・アイデンティティは女性だから、女性トイレを使用する権利があり、その否定は権利の侵害であると主張する。二つの相対する主張の衝突が始まった。

カリフォルニアでは、14年から、トランスの生徒は、公立校の男女別トイレ・ロッカールーム・シャワールームの使用について、自分のジェンダー・アイデンティティに従って選択できるようになった。しかし、ノースカロライナは16年3月に、トランスであっても学校や公的な場のトイレは出生証明書に記載された性に従って使用しなければならないという州法を成立させた。全米から抗議が起こり、ビジネスやエンタテインメントのボイコットによる多大な経済的損失も生じ、結局この州法は撤回された。

オバマ政権は、このような州法は「公民権法」および「教育における差別禁止第9条」

違反であり、連邦補助金の停止もありうること、学校はジェンダー・アイデンティティに従う選択を認めるべきだというガイドラインを出した。これに対抗して、テキサス等12州は、連邦政府による州政治への逸脱した介入だと、連邦政府を逆に訴えた。16年の第一審は同政策の施行停止を命じた。

トランプは就任1カ月後に、このガイドラインを撤回し、トイレ使用は各州の決定に任せると発表した。保守派はこれを歓迎し、トランス支持派は、これは連邦政府が扱うべき市民権問題であり、州に選択させるべき問題ではないと批判している。トイレをめぐる衝突は法的にはまだ決着していない。いずれ連邦最高裁に到達すると予測されている。しかし最近、両性用のサインがついた公共トイレが増えている。

トランスジェンダー・スタディーズの誕生と発展

ＬＧＢＴＱ、インターセックス、トランスヴェスタイトは、伝統的「男」「女」二分化カテゴリーからはみ出たグループであった。彼らは、「セックス」「ジェンダー」は明確な二分カテゴリーではなく、むしろ多様なものであることを強調した。それは、「セックス」「ジェンダー」の男女二分化を壊すものであった。「ゲイ・クィア・トランスジェンダー・スタディーズ」は、ジェンダー・スタディーズから生まれ、その一部を構成しつつ、セクシュアリティやジェンダー・アイデンティティに新しい視点をもたらし、ジェンダー理論に大きなインパクトを与えている（Stryker）。

90年代に出てきたクィア理論は、ジェンダーが女性を抑圧してきたという考え方を変え、ジェンダーをポジティブなパワーを持つ概念として使おうとした。クィア理論家ジュディス・バトラーによると、ジェンダーは、無数のパフォーマンス、つまり服装、動作、話し方、外見等の無数の行為によって「ジェンダーをすること」を通して作られる。ジェンダーは、自分を他の人々にどう伝えるか、自分自身をどう理解するかに使う言葉と同じようなものだ。医学、精神医学、法律、メディア、日々の会話等々によって繰り返され、それらが一緒になって現実として作られる。バトラーの「パフォーマンスとしてのジェンダー」は、ジェンダーの二分化を壊し（解体、脱構築）、ジェンダーを不安定で流動的なものにした（Butler, 1990）。

ジェンダー・アイデンティティは、明確なカテゴリーではなく、多様であり、変化していくプロセス的アイデンティティであり、ハイブリッド（混合）な、混在的・越境的概念としてとらえられるようになった。

セックス、ジェンダー、そして現実も、言説的に作られるというポストモダン的考え方は、トランスジェンダーに新しい視点を開いた。新しいトランスジェンダー理論は、「セックスとジェンダー・アイデンティティの不一致」を障害としてとらえるのではなく、より積極的意味づけをしようとする。トランスジェンダーは、伝統的な男女二分化カテゴリーの越境、規範的ジェンダーの越境である。ハイブリッド的アイデンティティである。「ジェンダークィア」は、男／女というカテゴリーのどちらかへの所属というより、連続性のどこか、あるいは男／女とは異なるジェンダーとして見ようとする。複数的ジェンダー、第三ジェンダーという表現もある。伝統的な二分的ジェンダー概念は制限的であると考え、むしろ解体し、それからの解放を価値化する。

トランスジェンダー・スタディーズは、90年代には大学内に登場し、拡大している。一番古いニューヨーク市立大のＬＧＢＴＱスタディーズ・センターは91年の設立。アリゾナ大学では93年以来ＬＧＢＴスタディーズと研究所が開設され、16年から最初のトランスジェンダー・スタディーズ学位の提供を始めた。

その所長スーザン・ストライカー教授は男性から女性になったトランスだが、トランスジェンダー・スタディーズの重要性について、次のように説明する。①トランスジェンダーが、他の人々による研究の対象（客体）や批判の対象ではなく、自らが知の生産者となり、自分の生き方や世界について自ら意味づけるアクティブなエイジェント（能動的な主体）になることをねらう。②ジェンダーは社会的文化的制度であり、社会規範や人々の考え方、生き方にかかわる。ジェンダーが及ぼす作用の理解は、人の存在、生き方を追究することだ。

14年創刊の学術誌『トランスジェンダー・スタディーズ・クォータリ』は、創刊の趣旨について次のように説明している。①トランスジェンダーの客体化／モノ化、病気化、エキゾティック化に反対する。②多様なジェンダー、性、セクシュアリティ、体、アイデンティティを学際的に分析する。③トランスジェンダーは、いかにしてジェンダー・アイデンティティの一つのカテゴリーとなったのか、支配的ジェンダー規範への脅威となったのか、ジェンダーの時間、場所、文化を横切る多様性・情況性を理解するものとなっているか、を分析する。

LGBTによる平等要求運動は、60年代以降の社会的運動の中でも比較的短期間に大きな成果を達成した。サンフランシスコ周辺の先進的地域では、ゲイは特別視される存在ではなくなったし、職場での差別も縮小している。とはいえ、全米で見るなら差別は存続している。15年に、アップルCEOティム・クックが「フォーチュン500社」CEOで最初のカムアウトしたゲイとなり、LGBT差別解消のために発言している。

同性婚も、法的に異性婚と全く同じになった。しかし、保守的宗教の力の強い州では、「宗教的自由法」を成立させている。これは、個人や団体に対し、信条を理由として、同性婚に対し、結婚関連の諸サービス提供を拒否する自由を認めるものだ。

トランスジェンダーについては、「性同一性障害」という表現は使われなくなった（日本ではまだ使われている）。このような表現は否定的意味合いを持ち、トランスとしてポジティブに生きるとか固定的ジェンダー概念を揺るがすという視点は出てこない。セクシュアリティやジェンダー・アイデンティティの多様性や複雑さ、トランスへの深刻な差別の存続、平等化策の実効化についての理解は広がりつつある。カリフォルニアでは、17年秋に、「第三のジェンダー／ノンバイナリー」を認める全米最初の州法が成立した。

しかし、トランプは、最高裁への保守的判事任命、トランスのトイレ使用については州に決定権を認め、宗教的自由尊重の連邦法の制定支持を表明している。さらに、軍隊からのトランス排除策の復活を指令した。トランプを支持する保守系共和党員の声をバックに、ＬＧＢＴの権利抑制方向へと動いている。政策化したら、司法闘争が始まることは必然だ。

第 4 章

オバマからトランプへ
——激震はどこに向かうのか？

就任式にて、オバマ前大統領（右）と握手するトランプ大統領（左）。ワシントンにて、2017年1月20日。（提供：UPI=共同）

２０１７年1月20日、オバマ大統領の進歩主義の時代が終わり、トランプ大統領が、オバマ・レガシーの抹消、政策の１８０度転換を公約して登場した。激動の時代が始まった。しかし、明確な政治ビジョンなくしての船出であり、状況的に政策決定する恣意性、予測不可能性は、対立と混乱を深めている。

本章ではまず最初に、型破りの政権が登場するに至った社会的、経済的、イデオロギー的背景を探ってみよう。続いて、トランプ政権の1年間の政策とその行方を、アメリカの政治制度の枠組やイデオロギー、市民運動やメディアと関連づけて取り上げたい（末尾参考文献参照）。

1　オバマ・レガシー

黒人初の大統領であることの歴史的意義

09年1月20日、バラク・オバマがアメリカ最初の黒人大統領として登場した。このことの歴史的・象徴的意義は大きい。長い黒人抑圧の歴史を持ち、平等になったとはいえ差別が続くアメリカが、ついにここまで来たのだから。人間的魅力、カリスマ性、深い思考と安定感、スピーチの格調の高さ、品格や洗練された態度、清廉さを失うことはなかった。スキャンダルもなかった。黒人初のファースト・レディー、ミッシェル夫人も、エレガンス、知性と親しみやすさ、スピーチのアピール力で、一貫して高い人気を維持した。オバマ大統領は、2期8年の任期を60%以上の高い支持率で終えた。

オバマは、独立宣言や憲法を建国の父たちが残した贈り物だと言い、スピーチでしばしば言及した。国王専制国家から独立して建国したアメリカ、国民のためにある政府、民主主義、社会正義、平等の社会理念、そして、個人の力への信頼――「アメリカの特殊性とは、チェンジする力だ。あなた達がチェンジするのだ」。

オバマは、アメリカの社会規範として、常に「多様性の価値を強調しつつ、国家としての統合の必要」を説いた。彼自身「多様性」を具現した人物だ。アメリカ白人女性とケニア人留学生との間の混血としてハワイで生まれ、母親の再婚によってイスラム教の国インドネシアに数年住んだ後、母親の離婚でハワイに戻り、コロンビア大学に入学。卒業後はシカゴの黒人居住区で地域活動をした後、ハーバード法学院に進学。アメリカの多くの黒人は、ミッシェル夫人同様、奴隷の子孫だが、オバマはその歴史を共有していない。しかし、このシカゴでの経験を通し、黒人としてのアイデンティティを選択した。

しかし08年大統領選挙は、黒人大統領に反対する白人主義者の間に、「オバマはケニア生まれであり、アメリカ生まれではないので、大統領資格がない」と主張する「バーサー運動（Birther Movement）」を生んだ。オバマは「ハワイでの出生届」を示して大統領資格を証明した。しかしトランプは12年選挙でそれを蒸し返し、さらに自ら出馬した16年選挙でも反オバマ発言を繰り返した。オバマにとって、多様性は自らの人生そのものであり思考を深める要素であるが、反対勢力にとっては、「アメリカ人的でない黒人大統領」なのだ。

オバマの登場は、アメリカの人種的進歩を象徴した。しかしながら、黒人大統領を受入れられない白人層からの抵抗が始まった。人種の衝突も激化した。黒人に対する警官の殺傷事件が相次ぎ、「黒人の命は大切だ（Black Lives Matter）」運動が広がった（第1章）。

オバマの進歩的政策

経済面では、G・W・ブッシュ政権末期07年に始まった大不況（企業倒産、失業増加、住宅ローン不払いに伴う金融破綻、持ち家喪失等）から脱却するため、大企業および金融機関の負債の政府による肩代わり（GM、クライスラー、大手保険会社AIG等）で再生を援助し、金融業の規制強化、インフラ投資、クリーンエネルギー産業育成等の経済刺激策によって、経済成長、雇用創出、失業率低下を達成した。また、温暖化ガス排出抑制策（石炭採掘、石油・

ガス企業への規制）、パリ環境協定成立推進、再生エネルギー産業育成、連邦政府自然保護区拡大等、環境保護策を進めた。

10年の国民医療保険制度（Affordable Health Care Act オバマケア）の導入は画期的政策であった。戦後歴代の政権がその制度化に努力したが実現できなかったものが、オバマ政権下でついに成立し、2300万人に医療保険を与えた。

LGBTとの関連では、同性間結婚の法的承認を支持したが、さらに、憎悪犯罪禁止、軍における差別禁止、トランスジェンダー政策等も、進歩的平等化政策として特筆に価する（第3章）。

長年の懸念事項である移民法の抜本的改正は達成できなかったが、12年の大統領令DACAで、親に連れられて未成年の子供として不法入国した若者に2年間の合法滞在と就労許可を与えた。これにより80万人が恩恵を受けたが、トランプがこの制度を17年9月に廃止し、大きな社会的混乱と対立を生んでいることは本章3で述べる（DACAについては第1章7）。

対外政策としては、一強として世界秩序の維持者という役割を放棄し、話し合い外交をとった。ブッシュ政権が足を突っ込み泥沼化したイラク、アフガンへの介入を縮小、しかしシリア紛争の解決はできず、イスラム国ISISの強大化を招いた。イラン核拡散抑制協定とキューバ協定を締結、自由貿易（TPP）を支持した。

しかし、公的財源による医療保険や、大企業債務の肩代わりや経済刺激策に対しては、共和党保守主義の源流にある「小さい政府論」者の抵抗を高めた。特に「ティー・パーティ」運動が興隆して議会の共和党多数を達成し、オバマが掲げた政治理念の政策化の多くが、共和党による反対で流された。オバマは議会での決議を避け、大統領令を多用したが、大統領令は議会制定の法律のような強さがなく、簡単に撤廃されうる。オバマ・レガシーの抹消を選挙中に公約して登場したトランプは、大統領就任後に早速、多くのオバマ令の廃止に着手し、さらにオバマの最大の業績の一つであるオバマケアの撤廃をねらっている（本章3）。

2　大統領選挙が露出したアメリカ社会の対立と分断

アメリカは建国以来常に流入する多種多様な人種・民族の集合を、さまざまな対立、分裂を抱えつつも、民主主義、自由、平等、正義、公平等の社会ビジョンや価値観を共有して、一つの国民国家として維持してきた。しかし、16年大統領選は、「国家としての統合」の表面下に潜在していたさまざまな不満、対立、分裂を噴出させた。

「持つ者」と「持たない者」への二極分化、ミドルクラスの消滅？

「アメリカン・ドリーム」は、社会的モビリティを価値づけ、アメリカに活力を与えてきた。生まれや階級に拘束されることなく、成功のチャンスは誰にも開かれている。個人の能力と努力による社会上昇、親から子への世代間上昇のチャンスがある流動的社会。アメリカン・ドリームは、アメリカの理想の表現であり、今も文化の根底にあるパワフルなイデオロギーだ。

「アメリカン・ドリーム」は、ジェームズ・T・アダムズが『アメリカの叙事詩（The Epic of America）』（未邦訳、1931）で使用し定着したが、起源はアメリカの建国精神にあると言われる。宗教的迫害や飢饉、貧困、政治不安、さまざまな理由で、ヨーロッパから移民がアメリカにやってきた。そこはヨーロッパの固定的社会秩序から解放された自由な土地だった。産業革命や技術革新の時代には、エディソンやベル等の偉大な発明家、カーネギー、ロックフェラー等のとてつもないアントレプレナー、大富豪が現れた。西部開拓者は、ホームステッド法（1862）によって、未開地の開墾をすれば、報酬として160エーカーもの広大な土地をほぼ無償で獲得できた。カリフォルニアで金が発見されると、一攫千金をねらって、国内のみならず海外からの移民が殺到した。

今もアメリカン・ドリームを求めて移民がひっきりなしに流入する。成功のチャンスは移民にも開かれている。移民の約半数はアメリカ市民になり、ミドルクラス入りを目指す。革新的アイディアとテクノロジーでスタートアップし、短期間に先端大企業へと成功させるアントレプレナーも絶えない（グーグルやテスラの創設者等。第1章8）。

しかし近年、アメリカン・ドリームの消滅が言われる。オバマは、08年大統領選で訴えた――「アメリカン・ドリームは、我々を一つに結びつけるものだ。アメリカは我々アメリカ人のドリームの集合なのだ。しかし、ミドルクラスの多くの人々からドリームへの信頼が消えつつある。少数の富裕層への所得の集中が進み、多くのミドルクラスは収入の下落、生活費の高騰に苦しみ、住居や医療保険に手が出ず、退職後の生活を案じる。教育費が高騰し、ドリームを達成するコストは上昇し続けている。揺らいだアメリカン・ドリームをもう一度回復させようではないか」。

所得格差は70年代後半以降拡大し続けている（2章3）。トップの報酬がどんどん上昇し、中下位労働者の賃金は平らのままだ。アメリカの安定を支えてきたミドルクラスの消滅、貧困化、「持つ者」と「持たない者」への二極分化が進んだ。製造工程の自動化、安い労働力を求めての工場の海外移転、海外の安価な商品の流入による製造業への打撃、サービスやIT産業へのシフト、労働組合の弱体化（組合加入率は60年の30％から16年には11％に低下）で、ブルーカラーの失業や賃金低下を生む一方で、大企業支配、少数者への富の集中が進んだ。07〜09年の不況は、多くの失業や住宅喪失を引き起こした。

14年には、トップ0・01％がアメリカの総所得の5％、トップ1％が21％、トップ10％が48％を獲得している。「資産」の分布はさらに一層不平等で、トップ1％が全米総資産の35％を所有、トップ5％は63％、トップ10％で77％、トップ20％が89％を所有し、その下の80％の人々が所有する資産のシェアはわずか11％にすぎない（Gordon et al., Emanuel Saez, 2013）。

「ウォール・ストリート占拠運動」は、11年9月17日、アメリカ資本主義のシンボル、ニューヨークのマンハッタン金融街の証券取引所のそばの小さなパークで始まった。「我々は99％」運動は、富を独占するトップ1％に対する戦いであり、所得の不平等、大企業の強欲さ、エリート支配のエスタブリッシュメント（既存体制）、政治と金の癒着に抗議し、非暴力の占拠活動への参加を呼びかけた。市長の退去命令、警察投入により多くの逮捕者を出して終わったが、他市にも飛び火した。同年の北アフリカ＆中近東での「アラブの春」から刺激を受けた、若者主導、リーダーなし、明確なアジェンダなしの運動だったが、「富のトップ集中」「所得格差の拡大」を深刻な社会問題として広く認知させ、またいろいろな草の根社会運動の種をまいた。エリート層ではなく、普通の市民たちが既存体制に抱く不満を表明した左派ポピュリスト運動であり、バーニー・サンダーズは16年大統領選での中心テーマに取り入れた。

反移民主義の復活

白人プロテスタント移民中心だったアメリカにおいて、移民の激増が生じるたびに、宗教や文化の違いや国家のアイデンティティを乱すという理由で、あるいは職を奪い賃金を低下させるという経済的理由で、反カトリック、反ユダヤ人、反東欧・南欧移民、反アジア人等の移民反対運動（nativism）が繰り返されてきた（第1章）。

近年の移民の激増は、再び反移民感情を高めている。移民問題は人種問題と重なる。60年には人口の85％を占めていた白人は、２０１５年には62％に減少、50年後には50％を割るという予測だ（第1章、表3）。移民による人種構成の変化、国のアイデンティティや文化の揺らぎ、移民がもたらす社会・経済問題等をめぐって、白人層の不満や危機感が高まっている。

16年大統領選で移民問題は主要なテーマになった。移民は若い層が多く、勤勉でアメリカ経済に活力を与えるというオバマやヒラリー・クリントンに対し、トランプは、移民がアメリカ人労働者の職を奪い賃金を低下させ、西洋キリスト教文明を土台とするアメリカ社会を変質させているると感じる白人層の気持ちを代弁した。不法移民は1100万人に上る（半数はメキシコ系）。不法移民の侵入を防ぐため、「メキシコ国境に塀を作ろう」というトランプに聴衆は熱狂した。また反ムスリムを明快に表明した。アメリカ社会にくすぶっていた白人至上主義（white supremacy）、反移民感情を呼び起こした。

トランプはオバマに対し人種差別的バーサー運動を展開したが、大統領には誰がなれるのか？ 1787年制定の憲法2条は大統領資格について、「アメリカで生まれた市民で、35歳以上、14年以上アメリカ居住の者」と規定している。アメリカ市民のほとんどが西欧、北欧移民とその子孫だった時代の産物だ。奴隷解放後の1868年に挿入された憲法修正14が、黒人やネイティブ・アメリカンと共に、非白人移民のアメリカ生まれの子供（移民二世）にも市民権を与えた（国籍出生主義）。

16年大統領選では、共和党には16人もの多様な候補者が出馬したが、移民二世もいた。テッド・クルーズは、アメリカ人の母親とキューバ移民カナダ人を父親にカナダで生まれ二重国籍だったが、14年にカナダ国籍を放棄した。マーコ・ルビオは、キューバ移民両親のアメリカ帰化前に生まれた二世だ。ヒスパニック系白人移民二世である彼らは、オバマのようなバーサー運動にはさらされなかった。

不法移民の両親から生まれた子供も出生によってアメリカ市民になれるし、アンカー・

ベビー（21歳になって親兄弟を呼寄せる）とか、パスポート・ベビーもいる（国籍取得のためにアメリカでベビーを生む妊婦ツアーがある）。大統領資格について訴訟になった例はまだないが、年齢と居住条件を満たせば大統領資格があることになる。保守派からは国籍出生主義反対論が出ている。

ティー・パーティの反逆

「ティー・パーティ」運動は、「代表なき課税反対」でイギリスからの独立戦争の発端となった1773年ボストン湾茶荷投棄事件から名前をとり、人民支配という建国の精神、愛国心、キリスト教を土台とし、2004年頃に中西部で誕生した。

白人、中高年、高卒以下が多く、エヴァンジェリカル右派を基盤とする。07〜09年大不況時には、失業、持ち家の価格下落、住宅喪失、生活の不安定化を経験した層だ。オバマがとった多額の税金注入による大企業救済策と経済刺激策、医療保険への不満から、09年に草の根運動として広がり急速に勢力を拡大した。

10年選挙では、民主党だけでなく共和党主流派古参議員の席をも奪って60議席以上を獲得、下院で共和党を過半数にし、党を右傾化させた。小さな政府、均衡予算、国内雇用優先、銃所有権、伝統的家族価値尊重を強調したが、次第に反移民姿勢を強め、英語を主言語とすること、移民制限、不法移民反対、国籍出生主義の変更、強い軍事力、愛国主義、等々を主張し、共和党内の保守右派に位置している。

その根底にある要素は、①黒人大統領への反感、オバマの移民政策反対、②自由市場、小さな政府支持の保守主義（政府介入の不況対策をとったブッシュ政権と共和党エスタブリッシュメントへの不満、オバマ政策反対）、③白人ミドルクラス、ブルーカラー労働者の不満、を反映する右派ポピュリズムだ。かつて所有していたパワーの喪失感・剝奪感や怒りがある。

16年選挙で、共和党下院での「ティー・パーティ」メンバーは縮小したとはいえ、「フリーダム・コーカス」を形成し、予算、医療保険改革等で党内の主流派（エスタブリッシュメント）やリベラル派と対立することが多く、トランプ政策の一貫した支持者というわけではない。

エヴァンジェリカルの政治的影響力の拡大

アメリカにおける宗教は、無宗教が増えた（23%）とはいえ、キリスト教が71%を占め、その影響力は大きい。キリスト教はプロテスタントとカトリックに別れ、前者はメインライン（主流派でリベラル）、エヴァンジェリカル（日本語では福音派）、黒人教会（ブラック・プロテスタント・エヴァンジェリカルが多い）からなる。20世紀半ばまで主流を占めていたメイン

図7　アメリカの宗教（2014）

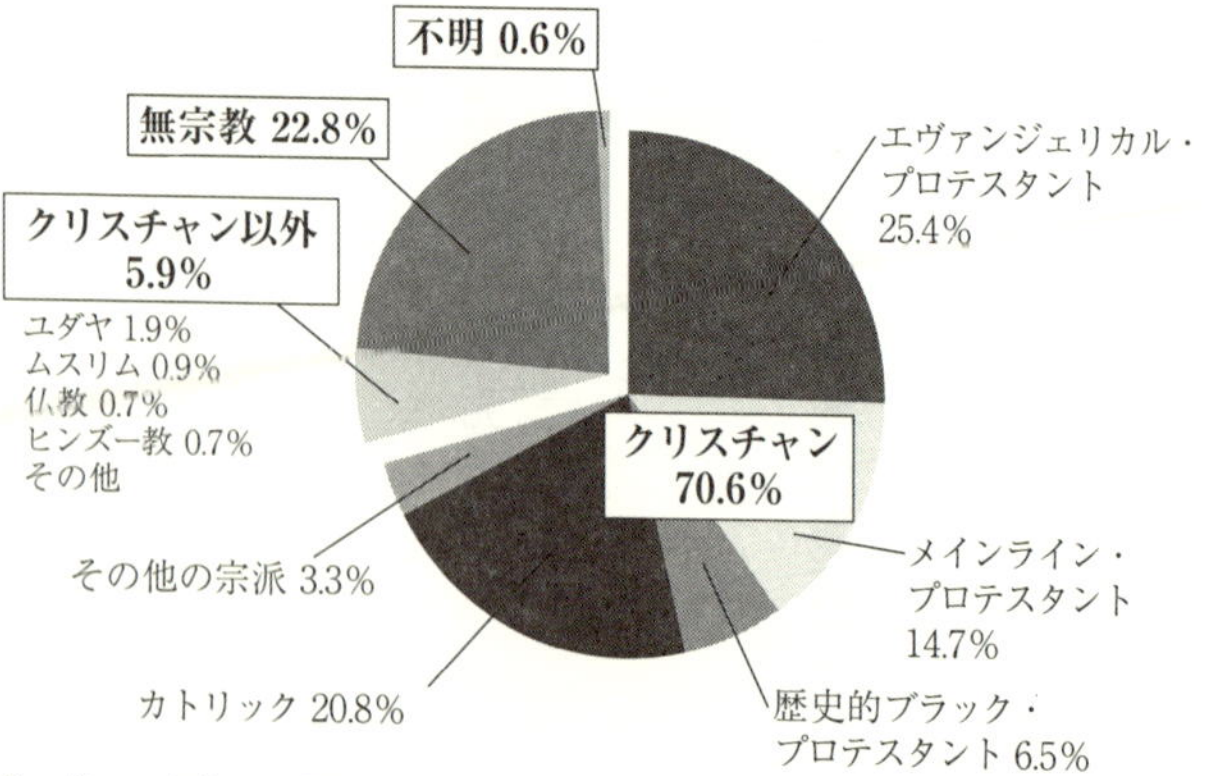

Pew Research Center, Religion in America, 2014

ラインが縮小し、エヴァンジェリカルが著しく拡大、黒人教会を加えると30％を超える勢力を持つ。

エヴァンジェリカルは、アメリカの歴史において社会改革をめざす宗教的運動として、何回か勃興、消滅そして再生してきた。20世紀初頭には、労働者の権利、禁酒運動、女性投票権を支持。しかしモダニズムへの急激な社会変化、価値変化に抵抗し、伝統的価値の再興をめざした。１９２５年の「スコープス・マンキー裁判」は、伝統主義に対する進化論、近代的科学、モダニズムの勝利となり、保守伝統主義は力を失った（ダーウィンの進化論の登場は、聖書の天地創造説に対する脅威となり、テネシー州は公立学校で進化論を教えることを禁止した。これに挑戦するため、生物教師スコープスが進化論を教えて逮捕された。人は猿から進化したという進化論から、マンキー裁判と呼ばれた）。

第二次大戦後には、無神論の共産主義に反対するエヴァンジェリカル運動があった。60〜70年代には、性の解放、公民権運動、女性運動、中絶合法化、同性愛者の平等等の社会的進歩に抵抗する運動が高まった。巨大教会や独自のTVやラジオ局を持つ伝道師が登場し、影響力を拡大した（特に、ジェリー・フォルウェル）。「プロライフ、道徳と伝統的家族の回復、ERA（男女平等規定の憲法挿入）反対、同性愛反対、愛国主義」等をうたって保守勢力を結集させ、強力な共和党支持基盤となった。

76年には、民主党でリベラル派エヴァンジェリカルのジミー・カーターが大統領に当選したが、80年のカーター対レーガン戦で、右派エヴァンジェリカルはレーガンを支持して当選させ、政治的影響力を拡大した。宗教的右派はその後も共和党の票田となった。

エヴァンジェリカル右派は、プロライフ、伝統的家族支持、反フェミニズム、反科学（進化論、温暖化現象否定）、同性婚反対が強い。近年、「宗教的自由」、宗教法人の政治活動禁止の廃止、教育における宗教の自由の拡大等を要求し、宗教の社会的政治的影響力の拡大をねらう（本章3）。

公立学校でのキリスト教の祈りは歴史を通して広く実践されていたのだが、62年の最高裁判例（Engel v. Vitale）が、クリスチャン以外にも強制することは憲法上の「宗教の自由」に違反するとし、学校の活動として宗教的祈りを取り入れることを禁止した。ただし、生徒が任意に黙って祈ることは禁止されていない。「国家と宗教の分離」原則なのだが、学校に日々の宗教的祈りを取り入れることに賛成する声は今でも6割を超える。共和党員は8割、民主党員は45%の支持だ（Gallup, 2014）。公立学校での祈りの禁止が社会倫理の希薄化を招き、社会悪増加の一因となったという考え方に立つ。

白人エヴァンジェリカルは、移民や難民受け入れ支持者もいるが、一般的には白人クリスチャン中心主義、反ヒスパニック、反ムスリム的傾向が強い。白人エヴァンジェリカルの81%がトランプに投票した。黒人エヴァンジェリカルは67%がクリントン支持だった。トランプとエヴァンジェリカルを結びつけたのは、後述のスティーブ・バノンだ。トランプは敬虔なクリスチャンにはほど遠いが、選挙中にエヴァンジェリカルに積極的に近づき、一方、エヴァンジェリカルはキリスト教の影響力の拡大をねらってトランプに賭けた（NPR, 2017.2.2）。

右派保守「オルト・ライト」、白人ナショナリズムの台頭

オールド・ライト（旧保守）またはパレオ保守主義は、20世紀初頭のシオドア・ローズヴェルトからウッドロー・ウィルソンの進歩主義、中央集中化、都市化、国際化への反動

として、20年代に中西部で生まれた。しかし、30年代の「ニューディール」から60年代の「偉大な社会建設」時代にはほとんど消滅した（本章7）。80、90年代に大統領選にも出馬したパット・ブキャナンによって再登場し、孤立主義、コソボ・ボスニア等への国際介入反対、NAFTA等の国際貿易協定反対、保護関税、不法移民反対、合法移民受入れ5年間停止、白人至上主義、反ユダヤ等を主張した。この時は大きな勢力にはならなかった。

しかし、ブッシュのイラク侵攻の失敗、07年からの不況と自由貿易への幻滅、移民増加によるアメリカのアイデンティティ危機、白人のマジョリティ喪失の脅威、黒人大統領オバマの登場に対する白人主義者の抵抗という状況の中で、オールド・ライトは活力を得た。彼らは「アメリカの保守」「ブライトバート・ニューズ」「ドラッジ・レポート」、ラジオ・トークショー等のメディアで発信を始めた。

スティーブ・バノンは、「ブライトバート・ニューズ」（A.Breitbartが07年創刊）を創設者の死で継承し、一層右傾させ、白人至上主義者の間に読者を増やし、「オルト・ライト」（Alternative Rightを意味する）のイデオロギー、主張を拡散するメディアにした。社会の縁辺にいた極右思想は同誌を通して拡散し、さらに選挙中に保守主流メディア「フォックス・ニューズ」に乗ることによって、社会のメインストリームに入り込むことに成功した。ソーシャルメディアによってさらに伝播した。

右派保守主義の主張は、①白人ナショナリズム、反黒人、反ヒスパニック、反ユダヤのレイシズム的傾向（白人ナショナリズムは、アメリカは白人国家であるというアイデンティティを主張するイデオロギーであり、しばしば、白人がもっとも優れた人種であると主張する白人至上主義、人種差別、反移民主義を含む）。②反移民（不法移民強制送還、移民流入抑制）。③自由貿易反対、グローバリゼーション反対、国際主義反対、アメリカの利益第一主義。③ＮＡＦＴＡ、ＴＰＰはアメリカの製造業衰退の原因となったと攻撃し、製造業の国内への回帰、関税による国内産業保護を要求する。

バノンは白人中心主義のポピュリスト・ナショナリストであり、反移民、レイシズム、セクシズム、反ＬＧＢＴ、反ユダヤ、反イスラム、アメリカ第一を主張し、レーガンを信奉し、またロシアのプーチン信奉者と言われる。自分の描く社会革命の実現に貢献する人物としてトランプを選び、選挙中は「ブライトバート」および自分のラジオ番組を通して積極的にトランプを応援、16年8月からは選挙参謀となった。

トランプは、もともとイデオロギー的保守でも宗教的保守でもなかったが、選挙での勝利のために保守右派およびエヴァンジェリカル右派と同盟した（New York Times, 2016.11.27, 17.2.25; Politico, 2016.12.11等）。バノンは、伝統的に民主党支持であった中西部の白人ブルーカラーの不満を吸い上げて、トランプ支持に向かわせた。また、非白人の増加によるアメリカ社会の変質に対する白人不満分子を極右に取り込んだ。

バノニズムの柱は、①ナショナリズム――アメリカを一つの文化の国家として維持しようとする。反移民は人種の問題ではなく、アメリカのアイデンティティの問題である。②反イスラム――イスラムは西欧の敵。9・11テロに見るように、イスラムは宗教ではなく、政治的イデオロギー、政治的戦略の一部だ。個人の宗教的信念は憲法で保護されているが、イデオロギーは保護されていない。ゆえにイスラムは排除できる。③経済的ナショナリズム――グローバリゼーションはマイナスの結果をもたらした。④反エスタブリッシュメント――特にリベラルな政策を担う大きな管理的政府の解体をめざす。なぜなら、政府は一部を富ませ、多数の国民を無力にし、腐敗した支配階級が労働者搾取や中産階級抑圧をしているからだ。

バノンはトランプ政権の首席戦略官となり、トランプ政権のイデオロギー、ビジョン、政策形成者として政権の中枢に入った。しかし17年8月に、政権内穏健派からのプレッシャーで辞職に追い込まれ、古巣「ブライトバート」に戻った。バノンがトランプの政策に対し今後も影響力を持ち続けるのか、トランプと極右支持基盤との関係はどうなるのかが注目される。

エスタブリッシュメント vs. 反エスタブリッシュメント

ヒラリー・クリントンは、08年大統領選に出馬し、民主党候補指名を求めてオバマと戦い敗れた。敗戦スピーチが、「それでもガラスの天井に1800万のひびを入れた」（民主党予備選挙で彼女に投票した数）。16年に再挑戦、まず、民主党大統領候補指名獲得を求めてバーニー・サンダーズと戦った。

サンダーズは社会主義的民主主義を唱える「インディペンデント」（民主党員ではない）、最もプログレシブなリベラル左派だ。彼の主張は、①エリートではない一般大衆の声を反映した「リベラル系ポピュリズム」だ。「ウォール・ストリート占拠運動」の「99％によるトップ1％への挑戦」、中下層の利益の犠牲、貧困の拡大、大学を出ても縁辺的な仕事しか得られない若者たちの不満に呼応した。そして②反エスタブリッシュメントだ。政治と大企業の癒着を指摘し、政治的・社会的革命を主張した。クリントンを大企業やビッグマネーと癒着したエスタブリッシュメントの一部だと批判した。大衆の力による政治改革を主張し、大企業や特殊利益からの高額寄付に影響されず、大衆からの少額寄付による選挙資金調達、民意が反映するような多数のボランティア参加によるボトムアップの草の根選挙運動を展開した。74歳のサンダーズの清潔な政治家イメージ、真摯で情熱的なスピーチは強いアピール力を持ち、特に若い層に圧倒的支持を広げた。

一方、クリントンは、大学生時代に公民権運動、フェミニズム運動を経験し、以来一貫して、女性とマイノリティの平等、子供の貧困や虐待問題のために闘ってきた。ビル・クリントン大統領のファースト・レディーかつブレーンとして活躍、上院議員を経て、08年に大統領選に立候補しオバマに敗戦。しかし、オバマ政権第一期の国務長官を経験し、あらゆる問題に精通し、頭脳の明晰さ、人並み外れた精神的強靭さや自信の強さ、ディベートのうまさは抜群だ。しかし、常にエリートの道を歩み、民主党主流中道派として、エスタブリッシュメント内のパワー・サークルにいたこと、選挙公約でも現実的、段階的な体制内改革アプローチを主張し、新鮮さを欠く、パワーとマネーに近い政治家というイメージを払拭できなかった。

実際には、両者は、富裕層への増税、最低賃金上昇による生活給保証、男女賃金平等化、オバマケアの充実、公立大学教育無償化、不法移民合法滞在化等、共通の政策も多かった。

クリントンはサンダーズとの激戦を制し、7月の民主党全国大会で大統領候補指名を獲得した。「ガラスの天井は割れた。自分が大統領になったら、若い女性の皆さん、次はあなた達の番よ」――指名受諾スピーチだ。そして、最後の最も高いガラスの天井の粉砕をめざして、共和党候補トランプとの激突に挑んだ。

トランプは自らを政治的アウトサイダー、反エスタブリッシュメントとして位置づけ、ワシントンの泥沼の排水を訴えた。①ワシントンの政治はエスタブリッシュメントに支配され、市民の利益から離れているという不満、②移民の増加によるアメリカの国家としてのアイデンティティの揺らぎ、白人中心社会の変質への白人たちの不満、③移民がアメリカの労働者の職を奪い、賃金を低下させているという不満、④グローバリゼーションで、アメリカの経済は弱体化したという不満、⑤アメリカは軍事的にも弱体化したという一般大衆の不満、に呼応した。彼は、「アメリカを再び偉大な国にしよう」「真のアメリカを取り戻そう」「アメリカの利益第一」、そして、反オバマ、オバマ・レガシーの抹消、継承者クリントンの攻撃に徹し、「チェンジ」を訴えた。

一方、クリントンは熟練政治家であるが新鮮さを欠く、パワーとマネーと結びついた「エスタブリッシュメント」の一部というイメージは、トランプによってさらに強化され、女性初の大統領という画期性は埋没しがちだった。また、TVの時代には、政治家としてのビジョンと資質を評価する以前に、「好感度」で評価されがちだ。アグレッシブ、笑わない、冷たい、傲慢だと評され、「好感度」を下げた。トランプは、彼女を「嫌な女」「うそつき」と呼び続けた。国内およびロシアからのフェイク・ニューズもクリントンについてのマイナス・イメージを流した。

クリントンはトランプに追い上げられつつも優勢を維持していたのだが、ＦＢＩ長官が投票日11日前に、すでに決着した公務メールの私用サーバー使用問題を追加調査すると発表、投票2日前に新たな疑惑は見つからなかったということで捜査終了したのだが、大きなダメージを与えた。

エリートvs.ポピュリズム

サンダーズが、リベラル派一般市民の不満に応えたリベラル・ポピュリズムであったのに対し、トランプは、保守層一般市民の不満に応えた保守的ポピュリズムであった。

トランプは、「ポリティカル・コレクトネスなど気にしない。言いたいことを言う」と主張し、実際、言いたい放題の暴言を連発した。「メキシコ人は、犯罪者、ドラッグ密輸者、レイピストだ」「不法移民の侵入を防ぐためメキシコ国境に塀を建設」「不法移民は強制送還」「ムスリムはテロリストだから移民禁止」等々の人種差別発言、さらに、過去における女性蔑視発言やセクハラ行為も暴露された。70年代には、人種、ジェンダー、ＬＧＢＴ等についての差別的発言は社会的禁句となった。しかし、建前とは別に本音が抑圧された形で残っている。トランプの「ポリティカル・インコレクトネス」発言は、言いたくても言えず心に鬱積した不満や、白人をマイノリティ差別者とする風潮への怒りにアピールした。リアリティ・ショーのホストとして大衆の心理をつかみアピールする発言で人気を得たトランプは、大衆の隠された本音に訴え、聴衆は大喝采した。

共和党は、ビジネスマンや富裕層、農業地域、宗教的保守地域を伝統的支持基盤とし、白人ブルーカラー労働者は伝統的に民主党支持基盤であった。しかしトランプは、この層の取り込みに成功した。中西部、特にラストベルト（かつて経済の牽引力であった製造業の衰退で「錆びた地域」となった）では、自動化や工場の海外移転、サービスやIT産業へのシフト等産業構造が変化する中で、変化に取り残されたブルーカラー労働者層は失業や賃金低下、貧困化、ドラッグやアルコール中毒の蔓延、怒りと絶望に追い込まれていた。トランプは彼らの声に応えて、「アメリカの利益第一」「製造業の国内回帰」「雇用の創出」を約束し、トランプ帝国を築いたビジネス手腕をアピールした。

未曽有の混乱と分裂の選挙は、２０１６年11月８日の投票で、大方の予想に反してトランプ圧勝で決着した（トランプは選挙人獲得数で圧勝したが、有権者総投票数ではクリントンが２５０万票も多かった）。

東部・西部海岸の都市地域、大卒、エリート層、マイノリティ、リベラル層はクリントン票であったが、内陸のルーラル地域（農業地域＋地方の小都市地域）、白人、中高年、高卒以下、宗教的、保守層はトランプに投票した（Pew Research Center, 2016.11.17）。トランプは、五大湖周辺やその南の伝統的ブルー州（民主党支持州）をレッド州（共和党支持州）に変えることに成功した。

トランプは、①白人エヴァンジェリカル右派、②経済的繁栄の外に置かれ無視されていることに不満と怒りを感じるブルーカラー層、③反移民感情（移民が職を奪う、賃金低下させる）。④白人中心・キリスト教土台の西洋文明の国アメリカを維持するべきだという白人ナショナリスト、⑤ティー・パーティ系「小さい政府」支持者、⑥自国利益第一主義者、⑦反エリート、保守的ポピュリズム（一般大衆の声）に応えた。

この選挙で、連邦議会は上下院ともに共和党多数、33州の知事、州議会多数となり、共和党の圧倒的勝利、民主党の惨敗となった。

メディア、国民のイデオロギー的二極分化傾向

マスメディアは政府と国民を結ぶ双方的仲介役割を果たし、情報提供のみならず、分析、批判や賛否表明をし、政治のチェック、さらに世論形成、政策担当者への国民の意見伝達、政策へのインパクトまでその機能を拡大している。

メディアは保守系、中立系、リベラル系まで幅広いが、政党、国民の二極分化傾向を反映して、リベラル系、保守系への分化傾向が強くなっている。ピュー研究所は、読者・視

聴者層のイデオロギー的立場によって、メディアをリベラルから保守までランク付けしている（2014.10.21）。極右保守系には「ブライトバート・ニューズ」やいくつかのトークショー、主流保守系には「フォックス・ニューズ」。中道リベラル系には、CBS、NBC、ABC、よりリベラル系としてCNN、BBC。さらにリベラルなのが「ハフ・ポスト」、「ワシントン・ポスト」等、最もリベラル系として「ニューヨーク・タイムズ」等（今はより一層二極分化している）。

大統領戦では、リベラル系メディアはトランプに対し批判的論調、保守系メディアはクリントンに対し批判的論調であった。そして、保守層は保守系メディアを読み、リベラル層はリベラル系メディアを読む。

60年大統領選で初めてケネディvs.ニクソンの討論会がTVで放映され、若々しくハンサムな容姿、スピーチのアピール力がケネディを有利にした。以来TVが選挙戦において主要な役割を果たしてきた。しかし、ソーシャル・メディア（SM）の登場は、選挙に革命的変化を起こした。SMは無料で、しかも支持者や大衆によるシェアで無限の情報拡散力を持つ。「携帯とSMを主たる情報源としている世代が投票年齢に到達した。SMは、特に若い世代に政治的発言の場を提供し、16年選挙ではゲーム・チェンジャーとなった。」（Huffington post, 2016.11.16）

08年選挙でオバマはメッセージ発信および選挙資金獲得にSMを活用したが、16年選挙でも、バーニー・サンダースがSMで若者にリーチし広い草の根運動の展開に成功した。

トランプによるメディアの利用の仕方はまた破格であった。TVリアリティ・ショーのホストとして、TVの利用の仕方、大衆心理のつかみ方を熟知した彼は、挑発的発言やツイッター発信を続け、主流メディアの議論を支配し、ライバルについてのネガティブ・イメージを増殖させる作戦を使った。自分に批判的報道をするメディアを「うそつき」「いんちき」と呼び反撃した。「フェイク・ニューズ」は流行語になった。自分に都合のよい情報は「真実」、都合の悪い事実は「フェイク・ニューズ」なのだ。

さらに、「代わりの事実（alternative fact）」が出てきた。トランプの大統領就任式に集まった聴衆の数について、大統領報道官は翌日の記者会見で、「過去最大数」と表現した。メディアは、オバマの09年就任式では50万、トランプの就任式は20万人弱、両者の映像を比較して「過去最大」というのは明らかに事実違反だと報道した。それに対し、トランプのカウンセラー、ケリアン・コンウェーは、報道官は「代わりの事実」を提供したのだと説明した。大統領が率先して、自分に都合のよいように「真実」を創り出す時代となった。

オバマは、共和党支配の議会からの抵抗に直面することが多かったが、記者会見と質疑応答の機会を作り、メディアを通して国民に直接話しかける方法をとった。トランプは、たまに保守系の「フォックス・ニューズ」のインタビューを受入れる以外は、もっぱらツイッター発信で、トランプ批判の声への反撃、批判的メディアとの戦争を続けている。特にCNN、「ニューヨーク・タイムズ」をフェイク・ニューズと呼び続けている。トランプは大統領として「国民をまとめる力」になるのではなく、むしろメディア、国民の二極分化を強めている。

3 トランプ政権の一年

17年1月20日にトランプ政権が誕生した。政治的・社会的混乱も始まった。トランプが副大統領に選んだのは元インディアナ州知事マイク・ペンス、揺るぎない保守エヴァンジェリカルであり、徹底したプロライフ、同性婚反対、反移民、私立学校支持、温暖化に懐疑的、銃規制反対、大きな財政支出反対だ。「トランプは世界を破壊するかもしれないが、ペンスは時計を１９５４年に戻す。どっちがより悪いか言いがたい」――「ハフィントンポスト」(2016.11.09)の記事だ。

閣僚は、トランプの支持母体である共和党右派(小さい政府論者、反移民主義者、エヴァンジェリカル右派)、主流派、軍人、財界人で埋めた。加えて、長女イヴァンカと婿ジャレッド・クシュナーが補佐官となっている。司法長官ジェフ・セッションズは、元アラバマ上院議員、かつては白人ナショナリスト運動を支援、反移民・難民であり、バノンと共にイスラム入国停止行政令の推進者だ。

トランプは選挙中の公約に沿った政策を打ち出そうとしているが失策を続けている。保守派にアピールする最大の達成は、最高裁判事の欠員を保守判事ニール・ゴーサッチで埋めたことと、税制改正法の成立だろう。

移民政策

トランプは移民制限を主張する保守層を支持母体としており、移民に厳しい姿勢をとる。論点は、国境監視の強化、国境塀の建設、不法移民の強制送還、合法移民の受け入れ対象と人数の抑制だ。

反ムスリム、反不法移民、移民受け入れ抑制に乗り出した。政権発足早々の1月末に、アメリカの安全をテロから守るという理由でイスラム7カ国からの90日入国禁止、シリア難民受け入れ120日停止の大統領令を出した。国籍や宗教による差別を理由とする違憲訴訟によって施行が仮差し止めされると、対象を6カ国に縮小（イラクを外し、シリア、イラン、イェーメン、スーダン、ソマリア、リビア）すると共に、全面禁止を緩和した修正令を出した（ビザ所有者やアメリカに帰化している家族スポンサーがいる場合は入国許可）。しかし、ハワイ州等が違憲で提訴し、施行は仮差し止めされた。政府は、「イスラムは宗教ではなく、政治思想であるので憲法上の差別禁止の対象に入っていない」と主張したが、一審、二審とも違憲判決、最高裁は6月に同令の制限的執行を認めた。

トランプ政権は、同令が期限切れとなる9月末に、第三の大統領令を出した。最新大統領令は期限なしであり、対象国は、スーダンを外した5カ国に加え、北朝鮮、ヴェネズエラ、チャドの8カ国になった。ビザ所有者や家族や雇用主スポンサーがいる場合は入国できる。非イスラム国の追加は、違憲訴訟に使用されてきたムスリム差別という非難を回避するためかもしれない。しかし、ハワイの連邦裁判所は、10月に、北朝鮮とヴェネズエラを除く6カ国からの入国禁止について、アメリカの利益を侵害することを十分に証明しておらず、国籍による差別であり憲法違反であるとし、執行の差し止めをした。メリーランドの連邦裁判所でも類似の判決が出された。両ケースはそれぞれ控訴された。

連邦最高裁は、12月初めに、控訴審の判決が出るまでという条件付きで、同令の執行を認める判決を出した。トランプ側は、「大統領は国の安全保障および外交政策として入国禁止を命じる権限を持つのであり、これは反イスラム教政策ではない」と主張していたが、その主張が認められたのかもしれない。しかし、これで決着ではない。12月末に第九控訴裁がハワイ州のケースについて執行差し止めを支持した。結局、最高裁での最終的判断に付されることになる。

不法滞在者の強制送還は、オバマ政権下では犯罪者中心だったが、トランプ政権は書類虚偽記入等のルール違反者にまで対象を拡大した。メキシコからの不法侵入防止の国境塀建設費を連邦予算で確保するよう議会にプレッシャーをかけているが、巨額の出費には共和党内も対立しているし、民主党は反対しているので、予算に組み込まれる可能性は低い。

オバマは12年に、子供の時に親に連れられて不法入国して以来アメリカに不法滞在している若者の救済策として「ドリーム法」(Dream Act)の制定を目指したが達成できず、結局、大統領令DACAによって、更新可能な2年間の合法的滞在と就労許可を与えた(第1章7)。これまで80万人のドリーマーズが受益している。トランプは17年9月6日にこの制度を撤回し、議会に6カ月後の18年3月5日までに、法律制定によって、彼らの滞在合法化か永住権付与か、さらに帰化権を認めるか、事態を解決するように要請した。議会が何もしないと、ドリーマーズは合法滞在期限が切れたら強制送還の対象となりうる。

「1965年移民法」の抜本的改正は長年の懸案であり、これまでも各政権が試みたがさまざまな意見対立で実現せず、何回かのパッチワーク方式でしのいできた。「90年移民法改正」が、家族合流からスキル労働者受け入れへの転換をねらったが、実際は、今も家族合流が3分の2を占める。トランプは、アジアやメキシコから家族合流を理由として入ってくる「チェーン移民」の流入抑制を強調する。それは反移民強硬派の長年の要求だ。移民抑制派は、家族呼寄せは配偶者と未成年の子供だけに限定すべきだと主張する（現行は親、兄弟、成人した子供も対象）。労働ビザ（H－1B）で働く外国人の配偶者（H－4）は就労が認められていなかったのだが、オバマは15年に一定の条件で就労を認めた。トランプはこの制度の廃止の方向で動いている。

IT企業等は技術者不足を補うため、ハイスキル技術者枠の増加を求めているが、トランプ政権はアメリカの労働者優先を強調し、制限の方向だ。17年10月末のニューヨーク市でのテロ事件の後、トランプは、「多様性ビザ」がテロリストの入国に利用されているから、これを廃止すべきだと表明。さらに、「家族呼寄せビザ」の縮小、ロースキル移民の制限、農業労働力確保のための短期滞在労働者ビザの増加等が検討されている。「アントレプレナー・ビザ」または「スタートアップ・ビザ」は、外国人による起業を支援するためオバマが政権末期に行政令で新設した制度だが、トランプによって執行停止となっている。「投資家ビザ」についてはまだ廃止されていない（第1章8）。

難民受け入れは、17年度枠をオバマの11万人から5万人に縮小、18年度枠についてはさらに削減し4・5万人になる。

トランプ政権も、議会も移民法の改正について議論している。経済の必要、政権支持母体の反応、世論の賛否、共和党内の意見の対立、民主党とのかけひき、18年選挙への配慮等、複雑な状勢にあるが、移民抑制であることは確かだ。

医療保険制度

巨大な財政支出を伴うオバマケア廃止は、トランプの重要な選挙公約の一つだ。しかし、どのような制度で代替するのか？　保険加入は義務か任意か、保険料、持病者のカバー、26歳までは親の保険でカバーされるのか、カバーの範囲をどうするか、等、多くの問題がある。小さい政府支持者はオバマケアの撤廃を要求しているが、共和党主流派は、医療保険の必要性や18年選挙で有権者の支持を失うことを懸念して大幅削減に反対している。

下院案、上院案が作成されたが、公費支出削減となる一方で2000万人以上が医療保険を失うという試算になり、民主党の反対に加え、共和党員からも造反が出て流れた。トランプは、議会に早期にオバマケア修正を要求しているが、トランプと議会の関係もぎくしゃくしている。共和党は、オバマケア廃止の再度の試みとして、上院での9月の可決成立をめざして第3案を準備したが、共和党議員3名の反対表明によって頓挫した。反対理由は異なる。1名はティー・パーティ系財政保守最右派で、オバマケアのより徹底した廃止を要求し、他の2名は、大量の無保険者が出ることへの懸念だ。

しかし、トランプ政権は、オバマケア解体を断念しない。オバマケアには、低所得層を対象に、保険料と治療費の個人負担分を軽減するための連邦政府補助金支給制度がある。トランプは10月にそれを廃止する行政令を出した。そして、次節で述べる12月末成立の減税法の中に、個人の保険加入の義務化の廃止を入れた。これにより保険無加入も可能になる。若い健康な世代の加入による保険料が、有病者の医療費負担を軽減する仕組みだったのを壊した。連邦議会予算局（中立的組織）は、無加入者の増加で保険料は毎年10％上昇し、10年後には1300万人が無保険になると予測している。オバマケアの撤廃には失敗したが、重要な柱の骨抜きをした。

予算、税制改正、経済規制緩和、アメリカの利益第一

トランプ政権は、軍事費とインフラ投資増加の一方で、医療保険費、社会福祉費、科学研究費等の削減を盛り込んだ18年予算教書（18年10月～19年9月の1年間）を17年3月に提出した。これをたたき台にして、議会が予算案を作成し、9月末までに成立させるのが通常のスケジュールだが、医療保険改正、大型減税と均衡財政等の重要課題が宙に浮くまま、予算成立は18年に持ち越された。

12月末に共和党は単独で（民主党議員全員反対）、「減税と仕事法」（Tax Cuts and Jobs Act of 2017）を成立させた。トランプは、アメリカ市民へのクリスマス・プレゼントだと誇った。レーガンの86年大型減税以来の大きな改正であり、トランプと共和党議員にとって、この1年の最大の達成だ。

個人所得税は、現行と同様7段階で、ほとんどの段階で2～4％の減税。トップ（年収50万ドル以上）は39・6％から37％に軽減、以下35、32、24、22、12、10％。10年間の時限で年度によって変更していくため、初めはどの層にも減税となるが、10年後には「トップ1％」層は2万ドルの節税、中間層はむしろ増税となるという試算だ。

基礎控除の倍増、子ども1人当たり税額控除の倍増は、特に中・低所得層にとってはベネフィットが大きい。しかし、前節で述べたように、医療保険加入の義務化の廃止や保険料・医療費の補助金削減等で、10年間で3000億ドルの連邦支出減となり、税収減をオフセットする。州や市に払う所得税・資産税・消費税額は、所得控除の対象となっていたが、新法は1万ドルの上限をつけた。連邦税の増収となるが、州民にとっては増税となる。特に高い不動産価値、高い税率の大都市のある州の住民には痛手だ（カリフォルニア等多くはブルー州）。

小企業・有限会社・合名会社等の利益を事業主個人の所得として個人所得税を払うスル

ー・ビジネス税について税率を20％カットした。この減税分の7～8割は「トップ1％」にいくという推定だ。

遺産相続税は、これまで560万ドルを超える資産が対象だったが、1120万ドルまでは無税となる。トランプや相当数の共和党議員や富裕層支持者への大きなプレゼントだ。中下層には大きなベネフィットがない。

法人税は35％から21％に減税（G20よりはるかに高率で不利であったのを是正）。アメリカの多国籍企業が海外で得た利益の還流を奨励するため、1回限りの7・5％（現金資産）、15・5％（非現金資産）の低率課税とした。

トランプと共和党は、経済へのプラスを主張する。減税で個人の消費拡大、企業の投資増加、雇用創出、経済成長となり、個人の所得増加へとトリクルダウン、そして税収増加、財政赤字縮小になると説明する。それに対し、民主党その他の反対論は、個人の所得税は富裕層に有利、中下位層に不利で、所得格差は拡大、遺産相続税も富裕層優遇。企業の減税分は必ずしも投資に回らず、むしろ株主配当等を通して、大半は富裕層へと配分される。税収減少、財政赤字の膨張、教育・研究費縮小、特に医療・社会福祉関連支出削減（メディケイド、医療保険、フッドスタンプ、社会保険等）は、中・低所得層にしわ寄せがいくと反論している。世論調査でも支持は30％台と低い。

共和党は、自由市場主義に立ち、政府の私企業への介入は経済成長や効率を妨げるという理由で規制反対論が強い。トランプは規制緩和政策を進める。金融規制（08年金融危機後に成立したドッド・フランク法）、石油・石炭関連規制、消費者向け製品やサービスについての規制、環境規制等の廃止や緩和だ。

連邦政府による最低賃金設定に反対し、州に任せる。共和党は、労働組合の強制的会費徴収を禁止する法律の制定をめざす（28州法ですでに制定）。成立すると、労働者の組合からの離脱が自由になり、レーガンがとった労働組合弱体化に一層の拍車をかけることになる。労働者の組合参加率は60年の30％から、83年に20％、16年は11％に下落（公部門34％、私部門6％）。組合加入者の週給は1000ドルだが、非組合員の場合は800ドルと大きな差がある（17年1月26日統計）。

オバマは環境保護、温暖化対策のための産業規制、再生エネルギー産業育成策を進めた。トランプは、温暖化は人や企業が原因であることを否定し、コスト増になる規制に反対する。エネルギー省長官は温暖化否定論者で、テキサス州知事の時エネルギー省廃止を主張した人物。環境保護庁（EPA）長官も温暖化ガス問題に懐疑的で、過去に14回もEPA規制反対で提訴した人物だ。温暖化・環境破壊の科学的研究結果を否定し（多くの資料を環境庁ウェブから削除）、科学研究データではなく企業データを使用して、すでにいくつかの規制を廃止。さらにパリ協定離脱を表明し、唯一の非参加国となった。

外交については、NAFTA再交渉、TPP不参加、NATOや日本、韓国等に防衛費負担増加を要求、等。一部企業は、工場建設を海外から国内に計画変更して国内雇用創出に協力する姿勢を出し、また政府のインフラ投資による経済活況化を期待する向きもある。しかし、保護主義は製造コストを高め、したがって物価上昇というマイナスを招きうるので、経済が長期的にどうなるかは不明である。

教育政策

トランプは、教育への政府の介入抑制、市民の教育選択権の拡大を主張し、ベッツィー・デボス教育省長官は、チャーター・スクール（公的助成の私立校）拡大、バウチャー制度導入（公的給付バウチャーで私立校の授業料支払いもできる制度）、ヴァーチャル・スクール、ホーム・スクール、マグネット・スクール（理数工系、芸術系、国際化というように重点的教育を提供する公立学校）の増加の一方で、公立学校の私有化、公立学校の財源削減の方向へと動く。公立学校関係者から強い反対の声が出ている。公立校での宗教的祈りの導入や、宗教法人学校も助成の対象とするか否かも検討されるだろう。

大学でのレイプ等の頻発にもかかわらず、大学が厳格に対処しなかったため、オバマ政権は11年に大学に厳格な対応を要求するガイドラインを出した。特に、レイプの証明基準を、通常の犯罪に適用される「明確で確信的な証拠」による証明よりも低い「51%の確証」でよいとした。これに対し、デボス長官は17年9月に、このガイドラインは犠牲者保護中心で、加害者として訴えられている学生に不公平な面があるという理由で撤回し、レイプの証明を従前のより厳格な基準に戻すよう変更を検討すると発表した（第2章6）。

また、オバマは行政令で、学校は、トランスジェンダーの生徒が自分のジェンダーに合ったトイレを使用できるように取り計らうことを要求した（第3章6）。トランプは早速これを廃止し、肉体的性にあったトイレの使用を命令し、それに従わない学校区には連邦助成金を停止すると脅している。

宗教関連政策

ペンス副大統領、バノン首席戦略官（17年8月に辞職）、セッションズ司法長官の中枢軸は、政治と宗教の交差、極右オルト・ライトと右派クリスチャンの連携であり、トランプの支持母体である白人エヴァンジェリカル右派の要求に応える政策の推進力だった。

プロライフ政策として、73年の中絶合法化ロー判決の覆し、あるいは中絶制限の方向に動いている。中絶実施団体への連邦助成金を打ち切り、避妊や中絶費を公的医療保険の対象外にするだろう（中絶関連については第2章5）。

「宗教的自由法」の制定の動きがある。これは、宗教的良心を理由として、同性間結婚式へのサービス提供の拒否や、避妊・中絶費を企業提供の医療保険カバーから外すことを認めるものだ。同性婚や避妊・中絶の制限をねらう。オバマケアは「避妊具・中絶費のカバー」を義務化したが、14年最高裁判決は、ホビーロビー社に宗教的信念を理由として保険カバーを拒否する権利を認めた。控訴審でこの判決を下したのが、最高裁の新判事ゴーサッチだ。コロラド州の保守的クリスチャンであるベーカリーが、同性婚は宗教的信念に反するという理由で同性婚の結婚式にケーキの提供を拒否して訴訟となっているケースについて、最高裁は17年12月に審議を始めた。「同性愛者の平等権」と「宗教的信条（同性愛は宗教的罪だから受け入れられない）」との対立のケースだ。現在20州ほどが、セクシュアル・オリエンテーションによる差別を禁止する州法を持つ。ベーカリーの勝訴となれば、LGBT差別が広がる可能性がある。

「宗教と国家の分離原則」から、公立学校における祈りは現在禁止されている。しかしその解禁を要求する声が出ている。また、多くの州法が宗教法人への公金支出を禁止しているが、宗教グループからは、「宗教による差別」「宗教的自由の侵害」だとし、その変更を求める声がある。ミズーリ州では、安全のために遊園地に柔らかいタイヤ裁断素材を敷く費用に補助金を出していた。同州の教会が、付属幼稚園の遊園地用に同補助金を申請したのに対し、州は宗教法人は助成対象外だとして拒否し、訴訟となった。最高裁は17年に、教会の主張を認め、助成対象とした。本件は、バウチャー給付（公財源）は宗教法人運営の学校も対象になるかという重要な問題とも関連するので、大きな関心を集めていた。

「1954年ジョンソン修正法」と税関連の「IRSルール」は、教会等の税控除非営利団体に対して、公職選挙への立候補者を支援または反対する活動を禁止している。「教会と政治の分離原則」だ。保守クリスチャンは、政治的影響力の拡大をねらって、足かせとなっている同法の廃止を求めている。

宗教は、単なる個人の信条の問題にとどまらず、人々の考え方に影響を与え、広くは国家のアイデンティティ、文化、価値規範を規定するものであり、著しく重要な問題なのだ。

混乱と対立

トランプ政権は発足から8カ月の今、まだ大きな実績をあげていない。その理由をいくつか見てみよう。

まず、トランプは政治経験なし、直感的、状況的にベストな取引を引き出すというビジネスをやってきた人物。政策ビジョンの欠如、恣意的で一貫性が欠如し、人の意見に耳を貸さない性格だし有能なブレインに囲まれていない。

政権は、イデオロギー的右派、財政的右派、主流派、身内の穏健派、軍人、財界人からなるが、内部に確執がある。トランプは、ムスリム入国一時禁止令の執行を拒否した司法長官代理を解雇、ロシア疑惑の捜査を停止しないＦＢＩ長官も解雇した。トランプをロシア疑惑の捜査から守らないセッションズ司法長官を激しく批判し、８月には主流派の首席補佐官に続き、バノン等の極右派も辞職に追いやった。

また、議会との関係もスムーズではない。特に、共和党議員の取りまとめ役マコネル上院総務、ライアン下院議長との関係は良好でない。共和党提案のオバマケア代替案が流れたように、共和党は下院ではゆとりある過半数だが、上院はぎりぎりの多数であるし、財政保守右派から穏健派、イデオロギー的右派から進歩派まで亀裂しており、党派ラインを超えて賛否が生じうるので、法律を成立させうるか否か不確実さがある。

議会承認が必要な省庁高官１１００ほどのポストのうち、政権発足から半年の時点で就任したのは１００ポスト以下で、大半が空席か前政権からの居残り組であり、仕事がフルに稼動していない。さらに、情報リークが著しい。重要な情報があっという間にメディアに流れる。メディアの情報収集力はすごいが、多くの情報源は情報にアクセスを持つ政府高官からのリークだ。政権の身近に反トランプ勢力が潜伏しているということだ。前ＦＢ

I長官すら、解雇されると、トランプとの会合内容についてのメモを、知人の大学教授を通してメディアに流した。

トランプとリベラル系メディアとの戦争は激しさを増している。特に、アメリカの社会価値や規範、道徳に反する発言を繰り返すトランプに対して、メディアは容赦ない批判を浴びせ、トランプはツイッターを利用して反撃を繰り返している。

最大の不安材料が、ロシア関連疑惑だ。ロシアによる選挙干渉、トランプ関係者とロシアの共謀の有無、トランプによる捜査妨害の有無について、上下院の諜報委員会と司法委員会での調査が進行していたが、さらに、ロバート・モラー特別検察官が任命され、捜査が進行している。オバマ時代に、ロシアとの関係はウクライナ侵略とクリミア合併、シリアのアサド政権支援を理由に敵対化し、経済制裁が科せられていた。トランプはロシアと良好な関係の構築を望んだ。しかし、選挙でトランプ有利、クリントン不利にするためのロシアによる広範なハッキングと情報リーク、フェイク・ニュースの流布が明らかになってきた。不透明な裏取引疑惑等、ロシアとの共謀調査は長男、選挙参謀を含むトランプ側近に迫っている。結論がいつ提出されるのか不明だが、トランプの政権運営に常時のしかかっている重荷であることには違いない（おわりに）。

4　アメリカの政治制度とイデオロギー

多くの社会変化は、既存の制度とイデオロギーの枠の中で生じるが、時に、制度とイデオロギーを大きく変える革命的変化を生むこともある。オバマからトランプへの政権交代が最終的にアメリカ現代史においてどのような意味を持つかはまだ不透明だが、以下で、アメリカの政治制度やイデオロギーと関連づけて見てみよう。

三権分立と連邦制度――パワーのバランスと相互チェック

アメリカの政治制度は分権的だ。「建国の父たち」(Founding Fathers) は、権力が1人または単一の組織に集中することは危険であると考え、権力のバランスと相互チェック、対立と調整のメカニズムを組み込み、「連邦国家」とする制度を作った。政治的決定に多数が参加する制度であり、社会的ダイナミズム、動性がビルトインされている。

新生国家の政治体制をめぐって、国家としてまとめるための強い中央集権的連邦政府の主張と、人民に近い州政府が第一次的パワーを有するべきだという主張が対立した。最終的に、権力集中を防ぐため、「三権分立」と「連邦政府と州政府の役割分担」を規定した憲法に加え、個人の自由と権利を公権力による侵害から守るため、「権利の章典」(Bill of Rights)を憲法修正として追加するという妥協によって、合衆国憲法が1787年に成立した。この「独立宣言」「憲法」「権利の章典」が、その解釈をめぐって対立しつつも、今日に至るまでのアメリカの政治体制、政治文化の土台となり、民主主義の柱となっている。

憲法は、議会、大統領、司法の三権分立制度、三権のバランスと独走防止のための相互チェック、連邦主義について規定している。「権利の章典」は、憲法修正10条項(Amendments)から成り、「宗教、表現、出版、集会、請願の自由」「武器所有の権利」「適正な手続き」等を規定している。南北戦争後に、「奴隷制廃止」「投票権保障」「市民規定(国籍出生主義)」等の修正が加えられた。1920年に「女性の投票権」、71年に投票資格年齢の「21歳以上」から「18歳以上」への引き下げが挿入された。

連邦政府と州の関係については、人民に近い州にパワーの源泉を与え、連邦政府は州から委託された任務を行う。それは、憲法明記事項(課税、帰化、造幣、州間・国際間商取引の規制、条約締結、宣戦、軍事力維持、郵便、パテント、等)と中央政府として本来的に必要なことであり、それ以外は州の権限となる。

州は独自の州憲法、三権分離制度をもつ。連邦憲法修正には、連邦議会での3分の2による可決に加え、4分の3の州(38州)の批准と大統領の署名が必要だ。連邦議会の決定が州によって否定された具体例が、「女性の平等権規定を憲法に挿入する憲法修正案」（ERA＝Equal Rights Amendment）だ。70年代の女性運動が押し、連邦議会は72年に圧倒的多数で可決した。しかし、82年の期限までに3州の批准が不足で、ERAは流れた。社会的潮流が進歩から保守へと転換しつつあった時期であり、保守派は、伝統的秩序や価値観の変化に反対する抵抗勢力を結集して阻止に成功した。

連邦政府と州のパワーの線引きは、歴史を通して問題となり、多くのケースが連邦最高裁の裁決に持ち込まれてきた。それは今に続いており、連邦法や大統領の政策について、州が権限侵害、違憲を訴えることは多い。しばしば大統領と異なる政党の州知事／司法長官が、大統領の政策に反対して提訴する。最近では前述のオバマ令DAPAに対し、共和党支配の州が違憲訴訟を起こし、司法によって執行停止となり、トランプが撤廃した。

大統領のパワーの強大化

憲法が議会、大統領府、司法の順で規定しているように、建国の父たちにとって、人民の声を反映する議会がまず第一のパワーであり、大統領の力は弱かった。しかし、両者のパワーの分担は、歴史と共に変化し、1860年代のリンカン、20世紀初頭のシオドア・ローズヴェルト、1930年代の「ニューディール政策」から第二次大戦時のフランクリン・ローズヴェルト、60年代の「新しいフロンティア」「偉大なる社会」構想のケネディ&ジョンソン等、政府が積極的に社会問題に取組む政策を通して、大統領の力は強化されていった。大統領は大きな力を持つゆえ、大統領がどの政党で、どのような政治理念をもち、どのような具体的政策をとるかが、政治のあり方を左右する。「福祉重視の大きい政府」か「レッセフェール的小さい政府」か、「国際主義」「自由貿易主義」か「保護主義」「自国利益第一主義」か、政策に大きな差が生じうる。

大統領は軍の最高司令官であり、外交、条約締結権も第一次的に大統領の任務だ（上院議員3分の2の賛成が必要）。ビル・クリントンはNAFTAを結び、オバマもTPP、パリ条約締結を進め、「イラン核縮小と制裁解除合意」「キューバとの国交回復協定」を結んだ。しかしトランプは「アメリカの利益第一」を主張し、広域協定に反対（二国間協定を支持）、NAFTA見直し、TPP不参加、パリ条約離脱、イラン協定見直し、キューバ協定修正をした。

立法権は議会に属し、大統領は議会に法律制定の提案や勧告をするだけだ。ただし、議会が可決した法律への署名権または拒否権（veto）を持つ（議会は、3分の2の多数でvetoを覆せる）。大統領と議会多数党が同じだと法律も成立しやすいが、異なると（ねじれ）、大統領の政策執行は議会の反対で滞りやすい。

オバマは、大統領就任後最初の2年は民主党多数議会に支えられ経済刺激策や医療保険制度を成立させたが、それ以降は敵対的な議会にしばしば政策を妨害された。そこで、オバマはしばしば議会による立法を迂回して、大統領令によって政策を実施した。トランプは就任早々これらのオバマ行政令の廃止または修正に取りかかった。トランプは現在共和党多数をバックにしているが、党内対立もあるし、議会との関係もぎくしゃくしており、重要な法律の成立ができなかったが、17年12月末に減税法を弾丸成立させた（前節）。

大統領は、省庁トップや大使等の重要ポストへの任命権を持つが、連邦裁判所判事の任命権も持つ（上院の過半数の承認が必要）。レーガンはこの判事任命権を使って司法の保守化をねらった。最高裁判事は終身制であり在職の長さと判決の社会的インパクトの大きさ故に、その任命は激しい政治的衝突点となった。トランプは保守的ゴーサッチ判事の任命に成功したが、上院の共和党は60人承認だったルールを過半数承認に直前変更して強行した。大統領と上院議員の構成が、新判事任命に決定的に影響する。70歳代後半から80歳代の判事がまだ3人ほどおり、退職が生じうる。トランプは新判事任命のチャンスを待っている。判事の退職のタイミングも政治化している。

議会——共和党と民主党

共和党と民主党の二大政党制だ（リバタリアン党やグリーン党等の第三党は、州に少数いる程度）。

表11　共和党、民主党のイデオロギー＆政策の概括
各党内にも大きな見解の幅があるので、おおざっぱなまとめである。

【民主党】	【共和党】
イデオロギー	
進歩的 （プログレシブ・リベラル）	保守的
政策	
・自由競争は負も生む ・大きな政府 大きな財源と支出、国家が社会環境整備、福祉＆弱者保護政策 ・国家が国民の最低限の生活保障 年金、医療保険、最低賃金、貧困者援助策、失業保険等 ・銃所有規制 ・公立無償教育の拡大 ・プロチョイス（中絶擁護） ・同性婚支持 ・移民は必要、寛大な不法移民対策 ・環境保護政策 ・自由貿易協定反対傾向 しかしNAFTA締結 ・社会変化に即した進歩的司法を支持	・資本主義の競争的市場信頼 ・小さな政府 低い税で小さい財政支出、最小限の規制や社会サービス提供 ・個人の自由と権利尊重 個人の生活は個人の責任、小さい福祉サービス ・銃所有権は憲法上の権利 ・個人の教育選択権拡大 ・プロライフ（中絶反対） ・同性婚反対 ・移民抑制、反不法移民 ・温暖化否定、規制反対 ・グローバリズム、自由貿易支持 ただし、トランプは反グローバリズム、広域的自由貿易協定反対、国内産業保護 ・法の厳格な解釈をする司法を支持
支持層	
・伝統的に、大中都市、マイノリティ、若年層、女性の支持が強い ・北東部、西部はブルー・ステート（民主党有力州）	・伝統的にルーラル地域（農業、地方都市）、宗教的保守、中高年白人男性を支持基盤とする ・中央部はレッド・ステート（共和党有力州）

政権発足時の17年1月、共和党は下院で241vs.197と大幅多数、上院は52vs.48だったが、12月のアラバマ州特別選挙の結果、51vs.49のぎりぎり多数だ。民主党は、18年秋の中間選挙で議席の回復をねらう（大統領は任期4年だが、上院議員は各州2名、任期6年、2年ごとに3分の1が選挙対象となる。下院議員は、州人口を反映して州議員数が決められ、任期2年）。

共和党内には異なる流れがあり、対立がある。①伝統的保守派（財政保守主義、社会的保守主義、国際的孤立主義、ただし、かつての高関税による保護政策から自由貿易支持へと変化）、②極右保守、③ティー・パーティ、③主流、ネオコン（国際主義、国際介入）、④穏健派（同性婚、中絶、環境規制、銃規制等を支持）、RINO（Republican in Name Only 名前だけは共和党員だが、民主党に近い）、⑤リバタリアン系（個人の自由重視、非介入、規制は最小限）、等を含む。

民主党内にも、①最もプログレシブ／進歩派、②リベラル派、③中道派、④保守派（主に南部州の民主党員、共和党に近い）までいる。

議員は、議決にあたって所属政党による拘束はなく、所属政党の政策を支持しなかったり、反対政党の政策に同意することも生じる。両党の議員数を超えた弾力性がある制度だ。しかし、70年代半ば以降（カーターからレーガンへの移行期）、国民も議会も二極化が進行した。共和党内では保守右派が増加、進歩的保守派は減少。一方、民主党内では中道派の減少で、両党の中央でのオーバーラップが消滅した。その結果議会は二極化し、過去におけるような妥協や話し合いによる調整の余地が縮小した（Pew Research Center, 2014.6.12）。

立法権は議会専属だ。オバマ政権は、最初の2年は民主党多数の議会をバックに、経済刺激策やオバマケアを成立させたが、10年秋の選挙で共和党はティー・パーティ議員の躍進で下院を制し、さらに12年選挙で両院を制し、オバマ政策阻止姿勢を強めた。オバマはしばしば議会を迂回して、大統領令によって政策を実施し、トランプは就任早々これらの廃止または修正に取りかかった。

議会下院は大統領の弾劾権を持つ。ウォーターゲート事件のリチャード・ニクソンは、議会での弾劾の前に辞職。ビル・クリントンは、共和党多数の下院で偽証と司法妨害を理由に弾劾が発動され可決成立した。しかし、解職には上院の弾劾裁判（最高裁長官が裁判官、上院議員が陪審員）で60人の有罪投票が必要であるが、偽証罪と司法妨害のどちらも60人に達しなかったので、クリントンは職からの追放を逃れた。そして今トランプのロシア疑惑と司法妨害について、独立特別検察官による捜査が進行している。

司法——保守派vs.リベラル派

司法のもつ力は大きい。法律、行政令、政策、州法の違憲審査権をもち、無効にもできるし、個人の権利にかかわる重要なケースが法廷で争われる。大統領は連邦判事の任命権をもつ（議会の承認必要）が、解雇権はない。

最高裁法廷は9人の判事からなるが、終身制なので、法廷の方向に長期間にわたる影響力を持ちうる。最高裁が判決する件数は100件以内だが、特に重要なケースを取り上げるので、その社会的インパクトは強大だ。それ故、判事任命は、大統領戦での争点となり、政治的イデオロギー対立の場となっている。

保守的判事は、憲法解釈にあたって「建国の父の意図」を斟酌し、憲法の文言の厳格な解釈に従い、社会進歩的解釈を抑制する傾向が強い（judicial restraint）。一方、リベラル派判事は、憲法の弾力的解釈によって社会進歩を肯定する姿勢が強い（judicial activism）。したがって、共和党は保守的判事を任命しようとし、民主党は進歩的判事を推す。

オバマは任期中に2人の女性判事を任命（女性は現在3人）。トランプは、保守的判事死亡による空席に保守的ゴーサッチの任命を成功させ、保守5名を回復した。ゴーサッチは、すでに、トランプと共和党の期待どおり、保守的意見に合流している。中絶、同性婚、宗教的自由、移民政策、アファーマティブ・アクション等をめぐる攻防戦は続いている。トランプが何人の判事任命のチャンスをもつかが法廷の方向を決める。

5　市民の抵抗運動、「極右の対抗勢力」

トランプ政権への抵抗運動

大きな社会変化は、しばしば変化に対する抵抗勢力を生み出す。60年代の進歩的社会変革に対し70年代後半に保守からの抵抗が広がった。特に保守エヴァンジェリカルは、右派ポピュリスト、ナショナリスト、反共産主義を土台に、宗教的価値、伝統的価値や家族の回復、中絶反対、反フェミニズム、反同性愛等を伝播し、強力な共和党支持勢力となり、レーガンの当選に貢献した。

オバマの時代に、最も効果的に組織を広げ政治的インパクトを与えたのは、ティー・パーティだ。小さな運動が大衆運動に広がり、08、10年選挙で共和党右派議員を大幅に増やした。今はかつてほどの勢いはないが、持続的大衆運動の一つのモデルを提供した。

トランプ政権の登場は、市民の広範な抵抗運動を生んでいる。まず大統領就任式の翌日の「女性のマーチ」は、50万人の参加、全米で350万人という大衆の力を見せつけた。「イスラム入国一時禁止令」が出されると、主要な飛行場で抗議デモが展開した。また、不法移民の強制送還に反対する市民デモも各地で生じたが、サンフランシスコ等の都市は、不法移民を保護する「聖域都市」であることを声明した。トランプはこれらの都市への連邦補助金をカットすると脅している。

トランプ一族のビジネスの利害抵触問題は続く。トランプ関連商品ボイコットのインターネット上の運動も展開した。トランプ・ホテル前はデモの場となった。税申告期限「税金の日」には、「トランプ、税金申告書公表せよ」というプラカードを掲げた市民がデモを行った。大統領候補は税金申告、資産状況の公開が慣行となっているが、トランプは今も頑なに拒否しているからだ。科学研究費削減に抗議する「科学マーチ」、温暖化無視に抗議する「気候マーチ」、中絶制限に抗議する「プロチョイス」デモ、事実のフェイクを批判する「真実のためのマーチ」と多様な抗議デモが続く。

オバマケア撤廃と代替制度案は、最大の衝突の場となった。保険縮小による財政支出削減を要求する保守層の声の対極には、保険喪失に反対する市民の抵抗がある。オバマケア廃止派の政治家は、地元での集会でしばしば有権者から激しい非難が浴びせられた。代替案はまだ成立していないが、骨抜き政策がとられた(前節)。

大衆の抵抗運動は、一時的な現象として盛り上がっても、具体的成果を上げることなく消滅することが多い。運動をいかに組織化して持続させ、具体的インパクトを生み出せるかが、重要な課題となる。

「不可分運動」（Indivisible Movement）は、小さなティー・パーティが議会で強力なオバマ政策阻止勢力となったことを現場で見た少数の若手議会職員が、反動的トランプ政策の阻止と民主主義の維持のための草の根的大衆運動の発展をねらって始めた運動だ。リベラル派の若い世代の白人たちが中心だが、インターネットで多様な市民抵抗運動と連携してネットワークを拡大。ネットで流布している「抵抗戦略手引き」は、各種の抗議活動の手引書として利用されている。斬新なメソッドを通して影響力を拡大し、全米に５８００以上の支部ができている。各地の政治的集会情報の提供と参加の呼びかけ、抗議デモのはたらきかけ、さらに、各地の公選職へのプログレシブな候補者の推薦と支援、草の根的少額寄付による選挙資金調達を全米に広げている。

「極右」と「極左」の激突

リベラル派市民の抵抗運動に対抗して、トランプの支持基盤の一翼を担う極右グループが、市民の抵抗運動を阻止する力として勢力を拡大している。

トランプ就任式翌日の「女性のマーチ」の近隣では、少数のトランプ支持極右白人至上主義者と、「アンティファァ」（Anti-Fascism の略）とのつば競り合いがあった。

「アンティファ」は、匿名性を保つため、黒マスクやメガネで顔を隠し黒装束を着て結集して行動するため、「ブラック・ブロック」(Black Bloc) とも呼ばれる。ドイツで「反ネオナチ」として発生し、ヨーロッパに広がり、アメリカでは99年シアトルでのWTO (世界貿易機関) 会議の会場の外で大きな抗議デモを展開し、その後も重要な国際会議場に現れてデモをしてきた。その主張は、反ファシズム、反資本主義、反政府あるいは無政府主義(アナーキズム)、反グローバリズム、反人種差別、反富裕層だ。ネットでつながる運動であり、組織やリーダーを持たないが、極右が集まる重要なイベントには対抗勢力として現れるようになった。このグループは、必要ならば体を張って対抗し、暴力使用や器物損傷もいとわない。

カリフォルニア大学バークレー校の保守学生グループが17年2月に、極右「ブライトバート・ニューズ」編集者を講演に招待しようとしたことから、講演阻止リベラル派と、開催支持保守派がそれぞれデモをしたが、「アンティファ」も集合して大混乱となり、講演はキャンセルされ、大学の建物にも大きな損害が出た。

バークレー校は、60年代の西海岸での公民権運動、学生運動、「ニュー・レフト」の拠点だった (「ニュー・レフト」は、マルクス主義的な労働者運動、階級闘争を中心とする伝統的左翼「オールド・レフト」に対し、60年代に、より広く民主的参加的社会を主張し、公民権運動や反戦、大学改革を要求した若者たちの運動）。当時まだ反共・赤恐怖が強く、教授たちの思想チェックも実施されており、大学は抑圧的で、学生の学内での政治的スピーチや行動を厳しく禁止していた。学生たちは、表現の自由、学問の自由を要求し、「フリー・スピーチ」運動を展開し、禁止の廃止に成功した。以来、バークレーはリベラルな大学の伝統を誇る。しかし今、扇動的極右グループが、「フリー・スピーチ」を主張して、バークレーでの講演の機会を要求している。

トランプ当選後、多くの大学キャンパスには、白人至上主義、人種差別、「ネオナチ」（ユダヤ人がアメリカの政財界の中枢を支配していると主張して、ユダヤ人を憎むグループ）等の極右メッセージが出回るようになった。また、極右は、大学でのスピーチを利用して、極右白人至上主義の流布、メンバーのリクルートをすると共に、「極左は、テロリスト、アナーキスト、暴力的な犯罪グループ」であると形容し、市民の非難の矛先を極左側に向けさせることをねらう（Figueroa & Palumbo-Liu, 2017.9.8; Southern Poverty Law Center site）。

アメリカ南部には、「南部連合」関連の記念碑や像、旗が多数残っているが、奴隷制のシンボル的遺物として撤去が進んでいる。しかし、撤去に反対する保守右派勢力からの抵抗は根強い。17年8月に、ヴァージニア州シャーロッツビル市で、南軍の英雄リー将軍の銅像の撤去に反対する白人至上主義者、「ネオナチ」、KKK、オルト・ライト等が集合して、「右翼の連帯」ラリーを展開した。一方、撤去を支持する一般市民の対抗デモもあった。そこに、「アンティファ」が現れ、極右グループと衝突。極右の1人が車を暴走させて、デモ参加市民を殺傷した。トランプは、保守右派の支持基盤を失わないため、残忍な事件の後ですら、極右の非難を避けた。

6 18年中間選挙、20年大統領選に向けた戦い

民主党は失地回復できるか？

18年中間選挙（4年ごとの大統領選の間にある選挙）に向けた戦いが始まっている。近年の歴史を見ると、ほとんどの場合中間選挙では大統領の党は議会多数を失う。オバマ政権も発足2年後に下院での民主党多数を失った。民主党は、16年選挙の惨敗から体制を立直し、18年選挙で議会多数を奪還できるだろうか？

民主党は、中道派の中核クリントンが去った後、穏健中道路線と左派路線の間で揺れているが、同党がエリート化、エスタブリッシュメント化して、大衆の声を反映しなくなったことが選挙での敗因だという声は強い。また一般支持層からも、「一般市民の利益の無

視」への不満は深い。トランプ政権に対する穏健的姿勢を修正し、トランプ政策阻止のより戦闘的な姿勢へと傾いている。16年選挙で予想以上にクリントンを追い上げたサンダーズは、プログレシブ派として今も強い支持を集めている。

民主党内の左派からは、新しいリーダーシップと方向を求めて、トップ指導層の入れ替えを求める声も強い。特に民主党の牙城カリフォルニア州では、大物古参ダイアナ・ファインスタイン上院議員やナンシー・ペロシ下院リーダーの中道派エスタブリッシュメントに挑戦して、よりプログレシブな若手へのバトンタッチを求める動きが出ている。16年選挙中に、女性十数人がトランプによるセクハラを公表したが、セクハラ経験の公表が火がついたように広がり、政界にも達した。民主党の古参議員2人が辞職した。両者ともにブルー州だ。ミネソタではただちに知事指名の民主党上院議員で埋められ、ミシガンでは特別選挙が行われる。民主党議員の新陳代謝の機会となりうる。

民主党に新しい強力なリーダーは登場するだろうか？　サンダーズの左派ポピュリスト運動、反エスタブリッシュメント運動は、これからも息長く続いていくのだろうか？「不可分運動」等の大衆運動は、18年選挙と20年の大統領選でどのような果実を結ぶのだろうか？

11月7日、ヴァージニアとニュージャージーで知事選が行われ、両州ともに民主党候補が勝利し共和党からポストを奪った。また、全米で初めて、トランスジェンダーがヴァージニア州議会の議員に当選した。同州はトランプが16年選挙で敗戦した唯一の南部州であり、南部連合の将軍の銅像撤去で極右勢力が結集し殺傷事件を起こしたにもかかわらず、トランプは批判を避けた。投票はトランプ政策と共和党に対する市民の不満の表明であった。

共和党は内戦か？

共和党はもともとリベラル穏健派保守から右派保守まで大きな違いを抱える政党であるが、トランプは同党の亀裂を一層深めている。特に、「主流エスタブリッシュメント」vs.「右派ナショナリスト保守」の衝突が浮上している。「ニューズウィーク」(2017.9.26)は「共和党の内戦」と形容している。その首謀者がトランプ政権を去ったスティーブ・バノンだ。

08年、10年、12年選挙でティー・パーティは、主流派議員に代わって多数の保守右派議員を当選させたが、18年選挙では、極右候補者が躍進するのだろうか？

議員が閣僚になると、空席となった議員ポストを埋める特別選挙が行われる。17年にサウスカロライナ、カンザス、モンタナ、ジョージアのレッド4州で特別選挙があり、すべて共和党議員がポストを維持した。5番目のアラバマ州での特別選挙は特に大きな注目を集めた。同州は全米でも最も保守的で、長い間人種差別を維持してきた南部州だ。セッションズ司法長官が占めていた上院議員ポストをめぐって17年12月に特別選挙が行われたが、まず9月末に、共和党候補を選ぶ予備選があった。知事に任命されたエスタブリッシュメント系現職者は、トランプおよびマコネル上院共和党リーダーからの応援を受けた。

対抗馬ロイ・モアは、元州最高裁首席判事だが、エヴァンジェリカル極右で、反エスタブリッシュメント、反ムスリム、反移民、反LGBT。9・11テロはキリスト教から離反するアメリカ人に与えられた神の罰だと発言し、裁判所の建物内にあった「モーゼの十戒の像」の撤去に反対。また下級裁判事に同性婚合法化に挑戦するよう発言する等、物議をかもしてきた。バノンは、今のトランプは選挙中の「トランピズム」を失ったから、自分は政権外でオルト・ライト理念に合った活動を続けると発言していた。そして、モアを反エスタブリッシュメント、かつてのトランピズム具現者として、応援に駆けつけた。

バノンは、反トランプではなく、むしろ保守右派議員を増やすことによって、トランプが選挙公約としていた保守右派の政治プログラムを実現させることに目的があると言う。そのためには共和党主流エスタブリッシュメントの転覆が必要であり、マコネル上院総務やライアン下院議長は最大の敵だ。18年に再選があるエスタブリッシュメント現職に対し、オルト・ライト・イデオロギーに合致した対抗馬を立てて当選させ、議会の共和党議院の構成を右傾化させようと画策している。アラバマ州の特別選挙は、まずその前哨戦だった。
戦局はトランプ&マコネル vs. バノンの様相を呈したが、モアは予備選に勝利して共和党候補となった。モアの勝利は、バノンが押す共和党最右翼、反エスタブリッシュメント、保守右派ポピュリストの勝利であった。そしてモアは、12月の特別選挙で民主党候補ダグ・ジョーンズと争うことになった。アラバマ州は強固なレッド州であり、トランプと共和党にとって失うことのできない上院議席だ。トランプはモアへの強い支持を表明した。ところが、数人の女性が、10代だった頃に30代だったモア（現在70歳）に性的にアプローチされたことを公表した。12月の激戦で勝利したのは民主党ジョーンズであった。これによって、上院の勢力図は共和党51、民主党49に変わった。

7　リベラルと保守が交互するアメリカ近現代史

本章の最後に、社会変化を押す進歩主義と変化を押し戻そうとする保守主義が交互してきた動的なアメリカ近現代史を概観することによって、現在の政治状況を考えてみよう（末尾参考文献参照）。

表12　20世紀以降の政権の交代

	民主党	共和党
第26代		T. ローズヴェルト（1901-09）
第27代		タフト（1909-13）
第28代	ウィルソン（1913-21）	
第29代		ハーディング（1921-23）
第30代		クーリッジ（1923-29）
第31代		フーヴァー（1929-33）
第32代	F. ローズヴェルト（1933-45）	
第33代	トルーマン（1945-53）	
第34代		アイゼンハワー（1953-61）
第35代	ケネディ（1961-63）	
第36代	ジョンソン（1963-69）	
第37代		ニクソン（1969-74）
第38代		フォード（1974-77）
第39代	カーター（1977-81）	
第40代		レーガン（1981-89）
第41代		G.H.W. ブッシュ（1989-93）
第42代	クリントン（1993-2001）	
第43代		G.W. ブッシュ（2001-09）
第44代	オバマ（2009-17）	
第45代		トランプ（2017-　）

進歩主義の時代（1890〜20年代）

19世紀後半は、産業革命、技術革命、資本主義が進展した。作家マーク・トウェインは、金めっきでピカピカの表面の下で腐敗がはびこる「金ぴか時代（Gilded Age 1878-89）」と呼んだ。レッセフェール（自由放任主義）の下で、石油（ロックフェラー）、スティール（カーネギー）、金融（モーガン）、鉄道（ハンティントン）等の近代的巨大企業が登場、富の集中の一方で、労働者搾取と労働争議の頻発、農民の困窮、南欧・東欧からの大量移民、西部未開拓フロンティアの消滅（1890）、等々、急激な社会的変化が生じた。

東部エリートに向けられた農民や労働者たちの怒りは、「人民党」（ポピュリストと呼ばれた）の設立となり、大企業の分解、鉄道の国有化、8時間労働制、女性投票権、累進税等を要求する左派ポピュリスト運動を生んだ。

シオドア・ローズヴェルト（共和党、1901－09）は、社会問題と取り組む政策を進めた。政府の腐敗追放、アメリカ寡占企業の力の抑制（反トラスト法）、鉄道業規制、銀行業改革、労働条件規制による労働者保護、食品や医薬品の安全基準設定、移民の同化策、自然保護等、進歩的政策をとった。ウッドロー・ウィルソン（民主党、13－21）の時に、社会浄化の禁酒法成立、女性投票権が実現した。ウィルソンは第一次大戦の経験から、国際主義による平和維持を主張し、国際連盟設立を提唱した（ただし、モンロー主義的孤立主義支配の議会は、その批准を否定し、連盟に不参加）。

文化や価値規範、生活様式も大きく変化した。産業化、都市化、移民の増加、繁栄と消費、モダニズム、都市文化の拡散や道徳的価値観の変化が進行した。フラッパーと呼ばれた、伝統から解放されたニュー・ウーマンの出現、女性の就労上昇、性の自由化が進んだ。黒人であることに自信を持ち平等を要求するアサーティブな黒人、ニュー・ニグロが登場した。ハーレム・ルネッサンスの開花、ジャズ、ダンスホールやディスコ、ラジオ、映画館の普及、自動車の登場、等々。

伝統的保守オールド・ライトの台頭（1920〜30年代）

急激な社会変化は、抵抗や対立を生み、伝統的保守主義、オールド・ライト／パレオコンが台頭した。それは、①ナショナリズムと白人至上主義（白人の国アメリカとしてのアイデンティティ、国粋主義、東欧・南欧移民の激増に対する反カトリック・反ユダヤ運動、西部に流入したアジア系に対する反移民運動、反黒人グループ、クー・クラックス・クラン［KKK］の再興、等）、②伝統主義（伝統的社会秩序への回帰、反ニュー・ウーマン、反ニュー・ニグロ、等）、③反都市文化、④宗教的ファンダメンタリズム（聖書を言葉どおりに厳格に解釈する原理主義。天地創造説信奉、反進化論、宗教的リベラルと対立）、を軸とした。しかし、進化論をめぐるスコープス裁判（前述）以後、右派ポピュリズムは表舞台から消えた。

政治面では、共和党大統領ハーディング、クーリッジによる①自由放任主義、減税、産業規制廃止、②東欧・南欧移民抑制のための人種別割当政策、アジア移民禁止（21、24年移民法。第1章2）、③自国第一主義、孤立主義、反国際主義（上記のように国際連盟への参加を拒否）、反自由貿易（高関税で自国産業と雇用を保護）の時代となった。

ニューディールに始まる進歩主義（1930〜60年代）

1929年に大恐慌が始まり、企業倒産、失業者の増加、農産物価格の下落による農民の困窮等が生じるが、共和党は経済への不介入という伝統的な考え方にとらわれ、ハーバート・フーヴァーは効果的な経済再建策を打ち出せず、恐慌から脱出できなかった。

フランクリン・ローズヴェルトは、大恐慌を乗り切るため、国家の介入による雇用創出、労働者の権利保護、年金、失業保険、最低賃金、公的住宅、育児費や学校給食費補助、銀行預金保障、農産物価格維持策、等々を導入。「ニューディール」政策は、それまでアメリカを支えてきた自助精神、小さな政府論のイデオロギーを根底から変え、政府は国民の生活を守る義務があるという社会福祉国家理念、大きな政府観を定着させた。

さらに第二次大戦の緊急事態へと突入し、大統領の権限は強化され、連邦政府主導の時代となった。

大胆な「ニューディール政策」から、ケネディ&ジョンソンの「貧困との闘い」「偉大なる社会」理念において、福祉政策の充実、進歩主義が支配した。「ニューディール」から第二次大戦の勝利で、伝統的保守（オールド・ライト）の声は、ほとんど消えた。

ニュー・ライト（ネオコン、新保守主義）の登場

戦後、東西冷戦（46－91）が始まった。ソ連の東欧支配（チャーチルの「鉄のカーテン」演説）、ベルリン封鎖、中国革命、朝鮮戦争、共産主義の拡散が起きる中で、国内ではマッカーシズムの赤の恐怖、赤狩り旋風が吹き荒れた。対外的には、ローズヴェルトを継いだハリー・S・トルーマン（民主党、45－53）のもとで、トルーマン・ドクトリンが支配（共産主義の拡散を抑えるため、マーシャル・プラン等、海外への経済的・軍事的援助を行う）、西側の集団安全保障のため49年にNATO（北大西洋条約機構）が設立された。

ドワイト・D・アイゼンハワー（共和党、53－61）は保守穏健派であり、戦後の経済的繁栄もあり福祉政策を支持、対外的には自由貿易主義、国際主義をとり、モダン保守主義と呼ばれた。核兵器競争によって、軍・産業複合が発展。産業の中心は、北東部と中西部から、南部サンベルト（Sun Belt）と西部（特にカリフォルニア）へと移行した（税や賃金の安さ、政府の公共投資や軍事関連の巨大支出等が後押しした）。

「ニュー・ライト」（ネオコン、新保守主義）は、伝統的保守をオールド／パレオと呼んで区別し、保守主流から駆逐した。ニュー・ライトは『ナショナル・レビュー』（55年創刊）を通して新保守主義の声を発信し始めた。それは、①伝統的キリスト教的道徳、②自由市

場主義（低い税金、小さい政府、福祉政策は自由経済にマイナス、貧困者に福祉依存メンタリティーを育む、企業活動の規制反対）、③反共、の連携であった。

保守イデオロギーと理論を政策化するためのシンクタンクが重要な役割を果たすようになった。アメリカン・エンタプライズ・インスティチュート（38年設立）、ヘリテッジ・ファウンデーション（73年設立）、ケイトー・インスティチュート（77年設立）等。80年代のスタンフォード大学フーヴァー研究所はレーガンのシンクタンクだった。

ケネディとジョンソンの進歩的時代

ジョン・F・ケネディは新しい時代のビジョン「ニューフロンティア」を示し、それを継いだジョンソンは、「貧困との戦い」「偉大なる社会の建設」を掲げ、平等化および貧困撲滅のための社会福祉政策の拡充、貧困者と高齢者への医療保険制度導入（メディケード、メディケア）、スキル訓練による機会平等促進、奨学金制度拡充、差別を禁止する「公民権法」、「投票権法」、「住居差別禁止法」等の制定、アファーマティブ・アクション大統領令の発令等、「大きな政府モデル」を作った（第1章3参照）。

司法も、アール・ウォレン最高裁長官（53－69）の下で、54年の「ブラウン判決」を始めとする進歩的判決が出され、司法的進歩主義が社会的進歩を後押しした。67年にサーグッド・マーシャルが最高裁の最初の黒人判事として就任した。

民主主義や平等のための運動の展開、活動主義が高揚した。伝統からの解放、性の自由化、平等要求の公民権運動、女性運動、ゲイ解放運動、エスニック運動（ヒスパニック、アジア系、ネイティブ・アメリカン運動）、反戦、大学改革要求運動、「ニュー・レフト」運動、カウンター・カルチャー（ヒッピー）運動が展開した。性モラルの変化、ドラッグ使用、中絶合法化、女性の社会進出、性役割の変化、家族の変化、離婚の上昇、家族の多様化等、社会秩序、社会倫理は大きく変化した。

政治と宗教の分離（54年ジョンソン修正法）、公立学校での祈り禁止（62年判決）、中絶合法化（73年ロー判決）と、宗教的価値や影響力も揺らいだ。

80年代レーガン保守革命

60、70年代の急激な社会変化は、70年代後半になると変化への抵抗を生み出した。伝統的性モラルや性役割の否定、伝統的家族の崩壊、人種関係の変化等に対し、白人層からのフェミニズムやブラック・パワーへのバックラッシュ（反動）が広がった。公民権運動阻止、人種隔離維持の先鋒に立ち、連邦政府のパワーの抑制を主張したのが、アラバマ州知事ジョージ・ウォラスであり、大統領選にも4回出馬した。

アメリカの伝統的価値、家族の回復、西洋文明中心主義の回復を求める保守的社会潮流が高まった。強力な保守的エヴァンジェリカル伝道師たちが現れ、巨大教会やTV・ラジオ局を持って、道徳的価値や伝統的家族の回復、保守的価値を布教した。特にジェリー・フォルウェルの「モラル・マジョリティ」は、中絶反対、ERA反対、同性愛反対、公立学校での祈り支持、愛国主義等を軸に保守勢力を結集させ、強力な共和党支持基盤となった。

70年代にはベトナムからの撤退、共産主義の拡大、国内景気沈滞、石油危機、ニクソンのウォーターゲート、アメリカの経済競争力低下、イラン米大使館員人質事件等でアメリカの士気は低下していた。また、70年代はアメリカの産業構造が変化し、脱工業化の進行、製造業の雇用縮小（北東部、中西部のラストベルト化）、サービス産業への移行は、中間層を担った白人ブルーカラー労働者にしわ寄せが及んだ。白人ミドルクラス負担による「大きな政府」に対する反感が高まった。

このような社会状況を背景に、カリスマ性、コミュニケーション・スキル、大衆へのアピール力をもって、「アメリカの偉大さの回復」「伝統的価値の回復」「連邦政府の巨大化の抑制」を訴えたレーガン共和党政権が登場した。

81年1月の大統領就任式でのスピーチで、「現在の危機において、政府は解決ではなく、政府が問題なのだ」と述べ、「連邦政府の介入は個人の自由の侵蝕」であり、「個人の生活は個人の責任」という新自由主義を主張し、連邦政府のパワー拡大の抑制、州権の回復をねらう「ニューフェデラリズム（新連邦主義）」を唱えた（州・市政府の民主的自主的政策選択を尊重するため、連邦政府の政策の一部を州市に戻し、地方交付金をひもつきから一括式にしたニクソンの考え方の継承）。「ニューディール」から「ニューフロンティア」「偉大なる社会」までのアメリカの政治イデオロギーを支配してきた進歩主義、「政府が社会問題解決の責任を負うべきであり、そのために税収拡大、福祉政策や企業規制をするという大きな政府論」を、レーガンは180度転換させた。

「小さな政府」を是として、大幅減税、福祉政策削減、連邦交付金削減、レッセフェール（自由放任）のビジネス規制緩和や廃止等を断行した（レーガノミクス）。経済は好況となったが、減税は富裕層が受益者であり、トップ少数者への富の集中、貧富の差の拡大、労働組合の弱体化、連邦最低賃金の据え置き、貧困層の拡大、弱者救済策の削減、人種問題への配慮欠如、大都市スラム問題悪化、環境問題の軽視等を生んだ。

対外的には、カーター民主党政権の人権外交を弱腰と批判し（カーターはソ連と軍縮協定を結んだが、ソ連のアフガニスタン侵攻、イラン米大使館占拠事件が起きた）、ソ連を「悪の帝国」と呼び、「強いアメリカ」、強力な軍事力による平和維持を訴えて、軍事力の拡大、アメリカの威信の回復、愛国主義を高めた。ゴルバチョフとの会話が、軍縮、ベルリンの壁の撤廃、冷戦の終焉、ソ連邦の崩壊、新しい国際秩序の創出へと向かった。西欧の民主主義、自由主義、資本主義の勝利であった。

とはいえ、「レーガン保守革命」は、社会進歩への反動的な面も強かった。公民権運動の成果の抑制（アファーマティブ・アクション抑制、バスによる学校の人種ミックス策反対、等）、反フェミニズム（性役割の崩壊、離婚の増加、家族の崩壊等をフェミニズムのせいにした）、反学生運動、環境保護運動抑制、さらに上記のように、貧富の差の拡大、労働組合弱体化等をもたらした。税収縮小と軍費拡大は財政赤字を増やし、貿易赤字と相俟って双子の赤字の膨張となり、結局増税に切り替えざるを得なかった。また、「小さな政府」というより、むしろ大統領のパワーの強化、政府の拡大となった。

しかしながら、進歩主義から保守主義へと旋回させるのに成功し、そのインパクトの大きさゆえに「レーガン革命」とも表現され、現代保守主義の理念を築いた。オバマは、任期終了前のインタビューで、レーガン政策には賛成しないが、政治イデオロギーや社会価値を全く異なる方向に転換させることに成功した政治家として尊敬していると答えている。

クリントン中道路線、ブッシュ穏健保守路線、オバマの進歩主義

レーガンのインパクトが強く残る中で、ビル・クリントンは伝統的民主党の大きい政府

の考え方を修正し、中道路線をとるが、一期目の半ばで上下院ともに民主党過半数を失い、福祉政策の削減をした。国民健康保険制度については成立をめざしたが、実現できなかった。対外的には国際主義に立ち、自由貿易主義、パレスティナ問題解決の努力をした。

NAFTA（アメリカ、カナダ、メキシコ間の北米自由貿易協定）の締結は、関税廃止で貿易拡大に貢献した。しかし、多くの製造業が低賃金のメキシコに工場を移転しメキシコの経済発展を押したが、アメリカの製造業、特に北東部や五大湖南の中西部の製造業の衰退（ラストベルト）、ブルーカラー労働者失業を招いたとして、16年選挙でトランプはその撤廃を主張した。トランプは、工場をアメリカに戻し雇用を増やし、海外からの輸入品には高率関税をかけると主張し、このアピールがブルーカラー労働者票を彼に向かわせ、トランプ勝利の一因となった。実際には、貿易協定だけでなく、生産過程の自動化や、製造業からサービス、IT関連への産業構造の変化も、大きな要因なのだが。

G・W・ブッシュ共和党政権は、国内的には、穏健的保守主義、福祉政策支持、宗教を前面に出さない、中絶も積極的に反対しない、対外的には、国際主義、グローバリズムをとった。しかし、イラクへの介入は泥沼化し、07年には金融危機に直面した。「小さな政府」「反国際主義」を主張する「ティー・パーティ」が広がった。

オバマの経済政策、福祉政策（特に国民医療保険制度の導入）、平等化推進の進歩的政策については本章1で述べた。

オバマ・レガシーの抹消、進歩から保守への逆戻りをねらうトランプ政権が発足した。この1年間の政策は第3節で見たように、連邦最高裁判事を保守判事で埋めたことは、判例の保守化に大きな貢献となるだろう。移民抑制の面では、メキシコ国境塀の建設は見通しが立たないが、ムスリム入国抑制については17年12月に最高裁から暫定的執行許可の判決を勝ち取り、アメリカ人の雇用優先のための移民流入抑制策、不法移民や不法滞在者に対する厳しい政策、難民受け入れ削減へと方向転換させ、反移民感情に応えた。福祉政策の面では、オバマケアの完全撤廃と代替制度の導入には失敗したが、骨抜き策による事実上の弱体化へと歩み、小さい政府主義に応えている。自由主義経済原則から、経済規制策の多くを廃止した。目玉政策である税制改正については、連邦議会の共和党多数に物を言わせて、12月末に、法人税、個人所得税の大幅削減策を含む「減税と仕事法」を成立させた。レーガン、G・W・ブッシュ以来3度目の大きな税制改革となる。トランプと共和党は、減税が経済を刺激し、個人は所得増となると主張しているが、民主党は、減税の最大の受益者は富裕層であり、中下層にとって増税となる、税収の縮小で財政赤字が増えると反論している。

アメリカの利益第一主義は、外交政策の面では、パリ環境協定への不参加、TPP不参加、NAFTA再交渉、キューバ協定変更、イラン協定再考等、多くの混乱を引き起こしているが、12月に、イェルサレムをイスラエルの首都として認め、大使館の引っ越しを命じた（ノルウェー政府の仲介で93年に、PLOアラファト議長とイスラエルのラビン首相との間で、パレスチナ暫定自治に関する原則が合意され［オスロ合意］、クリントンの仲介でワシントンで調印された。95年に、アメリカ連邦議会はイェルサレムをイスラエルの首都と認めて大使館をテルアビブから引っ越す法律を成立させたのだが、クリントン、ブッシュ、オバマは、議会による決定は大統領の外交政策にかかわる権限の侵害であるという考えおよび中東地域の不安定化の懸念から、実施を延期してきた。トランプも6月には延期を表明していたのだが、12月になってこれを変更した）。そのねらいは、外交政策というよりも、支持率低下の中でのエヴァンジェリカル右派のつなぎとめ策だという指摘もある（CNN. 2017.12.6; Independent. 2017.12.8）。この決定に対し、国内のムスリムのみならず、クリスチャンの反対は強いし、一部のエヴァンジェリカルやユダヤ人からも反対の声が出ている。国際的にも、ローマ法王、ヨーロッパその他からも、中東地域の混乱への懸念から反対声明が出された。トランプはパンドラの箱を開けてしまった。すぐに衝突が始まった。

大統領としての明確な政治的ビジョンなくして出発したトランプの保守主義は、現代史の流れの中で、どこに行くのだろうか？

おわりに

アメリカは、「平等と多様性の価値化」へと長い道を歩んできた。それは、人種、民族、性、セクシュアル・オリエンテーション、年齢、身体的特性、その他個人の間の差異を、差別の理由とするのではなく、多様性の強さとして価値づけていこうとする考え方だ。

しかし、非白人移民の増加で、白人はやがて過半数を失い、多人種・多民族・多文化・多言語社会へと急速に移行しつつある時に、キリスト教と西洋文明を土台とする白人中心社会の変質に抵抗する白人層、経済的縁辺化に不満を抱く白人層の声をバックに、トランプが登場した。トランプは、「平等と多様性の価値化」を逆行させようとしている。

アメリカの大統領には、政治的ビジョンと政策とその具体化が期待され、政治家としての能力を問われるが、大統領としての資質も大切だ。一つの国家としてまとめる力、頼れるリーダーであることだけでなく、アメリカの社会規範やモラルの維持者、望ましい人間モデルであることが期待される。しかし、トランプの性格、判断、行動、発言は、アメリ力が社会の土台として育んできた規範から著しく逸脱している。

トランプは、16年選挙中に「ポリティィカル・インコレクト」発言をエンタテインメント的に利用したが、大統領になってからも続けている。モラル・リーダーとしての役割を果たすよりも、「ポリティィカル・インコレクト」発言や行動は許されるという風潮を広め、さらにそれを政策化しようとしている。

トランプは、社会の縁辺にいたオルト・ライト等の極右勢力を台頭させ、メインストリームへと押した。白人至上主義、白人ナショナリズム、西欧キリスト教文化中心、愛国主義、人種差別主義、反移民、反ユダヤ、反イスラムが、「右翼の連帯」を図っている。黒人憎悪組織KKKやネオナチすら、大手を振ってデモ行進するようになった。これらの勢力はトランプ支持グループであるので、トランプは非難を避けている。

アメリカの民主主義を守ろうと呼びかける「不可分運動」等の市民の抵抗運動が広がっている。さらに、極右に対抗する極左アンティファも登場し、衝突が激化している。

フットボール等の試合開始前に国旗掲揚や国歌斉唱が行われ、選手も観客も起立して胸に手をあてる。国家への忠誠、愛国精神を意味する。ところが、「黒人の命は大切だ」運動が展開する中、16年にサンフランシスコのチームの黒人選手が、国歌斉唱中に膝を地面につき、人種差別への抗議の姿勢を示した。それはやがて「膝つき運動」として広がった。

9月末に、トランプは、膝つきは反愛国的であると非難し、膝つき選手を解雇せよと叫んだ。これに反発し、膝つき運動がさらに拡大したが、トランプは「黒人差別への抗議」を、「反愛国主義」にすりかえることによって、右派ポピュリズムに応えた。

トランプは、国民の間の分断を深める発言を続けている。オバマは、「分断の政治」を批判している。マケイン上院議員等の共和党主流派の一部からも、トランプ批判の声が出ているし、政治舞台から引退していたG・W・ブッシュも、トランプによるアメリカの社会的価値、理念の崩壊に強い懸念を表明した。

国民のトランプ支持は10~12月には、30%台に落ちた。とはいえ、トランプ投票者のあいだではまだ7~8割が支持している。経済の好況と、トランプの「ジョブを作り出す。ジョブだ、ジョブだ」というスピーチが、まだ一部の労働者にアピールするようだ。17年12月に大型減税法を成立させたが、富裕層と大企業が受益するのみで、大衆には得るものは少ないという予測であり、支持は低い。予算、インフラ投資、軍事関連費支出等、早急に取り組むべき大きな課題が残っている。DACA廃止によるドリーマーズの行く末について、18年3月までに何らかの措置が必要であるが、トランプは、ドリーマーズ救済の見返りに、メキシコ国境塀の建設費を認めさせるという取引を考えているようだ。

トランプにとって最大の危機となりうるのが、モラー特別検察官によるロシアの選挙干渉とトランプ関係者との共謀の有無およびトランプによる司法妨害についての捜査の進行だ。第4章で触れたが、本件の重要性に鑑み、もう一度、フィクション小説のような複雑で想像を超える一連の事件の展開を追ってみよう。

トランプは13年にモスクワでミス・ユニバースを開催しているが、ロシアとの深いビジネス関係を持っていた。プーチンは、クリミア侵略に対するアメリカのロシア制裁策の解除と良好な関係を望み、クリントンではなく、トランプの当選を願った。16年3月にトランプ選挙陣営の外交政策補佐官となったジョージ・パパドプロスは16年4月にロンドンで、ロシアがクリントン選挙陣営と民主党全国委員会DNCのメール数千件をハックして、「汚い情報」を持っているともちかけられた。このことを5月にオーストラリア駐英大使にもらした。6月のDNC全国大会の直前に、WikiLeaksがハックしたDNCのメールやり取りを流し始めた。トランプは、ロシアとの関係の改善を重視する外交政策を表明。6月にはトランプ・タワーで、長男トランプ・ジュニア、婿クシュナー、選挙参謀長ポール・マナフォートが、クリントンについての「汚い情報」の提供に関連して、ロシア側と会合している。

アメリカの諜報機関はすでにロシアによるハッキングや干渉を傍受していたが、オーストラリア政府からの通報もあり、FBIは7月に、ロシアの選挙干渉と、トランプ関係者との共謀の有無についての調査を始めた。一方、アメリカの調査会社Fusion GPSは、16年春に、民主党DNCとクリントン選挙陣営からトランプとロシアとの関係についての調査を依頼され、イギリスの元諜報員、クリストファー・スティールを雇った。彼が6〜10月に作成し、12月に最終化したのが、「トランプ―ロシア・ドシエ（Dossier）」と呼ばれているレポートであり、トランプのロシアとの深いビジネス関係、トランプ当選のためのロシアの干渉、トランプがブラックメールされかねない情報をロシアが握っていること等を記している。スティールは事態の深刻さを懸念してFBIに情報提供した。このドシエはメディア界では回っていたが、大手主流メディアは真偽確認の困難さゆえに報道を控えた。投票が近づいてからは、メディアは、むしろクリントンのE-mail 調査を報道し、ドシエの方は17年1月にBuzzFeed が掲載するまで、大きな話題とならなかった。

トランプは11月に当選すると、マイケル・フリンを国家安全保障問題担当大統領補佐官に任命。トランプ陣営はロシアとの良好な関係を築くため12月にトランプ・タワーで、クシュナーと共にロシア大使とミーティングしているが、ロシア大使館内に秘密のコミュニケーション・ラインの設置を提案している。

オバマは12月に、ロシアの選挙干渉に対する制裁として外交官35人を国外追放。連邦議会も両党協力で司法委員会および諜報委員会での調査を開始した。

トランプは17年1月20日の大統領就任後、コーミーFBI長官に、フリン等側近とトランプ自身の調査の停止を要求したが、コーミーが同意しなかったので、5月に突如解雇した。これが捜査妨害の嫌疑を生んだ。司法省は7月にモラー特別検察官を任命。セッションズ司法長官はロシアとの折衝の参加者であり、利害抵触を理由にロシア関係調査から身を引き、ローゼンスタイン副長官の監督下に置かれた。トランプは、調査から大統領を守らないセッションズに怒り、非難し続けている。10月末に、最初の起訴が公表された。マナフォートおよび彼のビジネス・アソシエイトが、国家に対する謀略、マネー・ロンダリング、偽証、その他12の容疑で起訴された。パパドプロスは、偽証罪（ロシア関係者との6月の会合について偽証）で起訴された。今の時点では、トランプ選挙関係者とロシアとの共謀の有無については触れていない。12月には、フリンが、16年12月のロシア大使との談合について、FBIに虚偽の証言をした罪を認め、モラーの捜査に協力することを選択した。これから一層深く、共謀の有無へと捜査がトランプ近親や側近へと及ぶのかもしれない。トランプ自身も、コーミーFBI長官解雇について司法妨害にならないか捜査の対象になっている。

ロシアによるアメリカ大統領選への干渉では、クリントン陣営のメールのハッキングだけでなく、フェイスブック、ツイッター、グーグルを利用してクリントンを中傷するフェイク・ニューズの拡散、さらには、アメリカの弱体化をねらった人種や移民をめぐる社会的分断と混乱を深めるメッセージまで流布された。トランプ関係者が何らかの形でかかわっているか否かは不明だが、ロシアの干渉が、予想よりもはるかに広汎であることが判明してきた。これらは、トランプにとってプラスの材料ではない。

トランプはモラー検察官を解雇したくてうずうずしているのだが、コーミー長官解雇が司法妨害嫌疑へと発展した経緯もあり、まだモラー解雇には走っていない。18年1月になって、上院と下院の司法委員会の共和党一部有力議員が、スティールをFBIへの偽証罪で捜査すべきだと司法省に要求した。ロシアの干渉とトランプによる司法妨害の調査をするため両党協力で始まった司法委員会だが、1年経った今、両党の対立は深まっており、共和党メンバーは、トランプ擁護、モラーの調査とスティールのドシエの正当性の否定へと動き出した。民主党メンバーは、強く反発している。同委員会の民主党重鎮、ダイアナ・ファインスタインは、共和党メンバーの反対を押し切って、ドシエをめぐるFusion GPS幹部の司法委員会での聴取書類を公表した。

18年1月始めには、また爆弾が落ちた。ジャーナリスト、マイケル・ウルフの本『Fire and Fury』は、トランプ政権のカオスを記述、トランプ・ジュニアの行為は国家への反逆行為だというバノンの発言を引用したり、トランプの大統領としての失格、精神的不安定を描き出している。トランプはただちに、自分は安定しており天才的だとツイートした。この本については、情報の正確性の問題等が指摘されているとはいえ、発売数日にしてベストセラーとなっている。18年の秋には中間選挙があり、トランプにとっても共和党にとってもプラスにならない。一方バノンは、トランプの怒りを買って「ブライトバート・ニューズ」から解雇され、パワーの基盤を奪われた。

18年中間選挙、20年大統領選挙は著しく重要だ。近年はほとんどの中間選挙で大統領は議会での多数を失う。18年選挙で民主党が議席を大きく増やし、共和党のトランプ批判議員が増加すれば、大統領弾劾の可能性もある。しかし、トランプを大統領から追放あるいは辞職させた場合、後任はペンスだ。彼は、キャリア政治家として着実に、反LGBT、徹底したプロライフ、「宗教的自由」の支持を含む保守右派路線をとるだろう。リベラル派の間には、ペンスをより危険視する声もある。さらに、20年にはペンスは当然再選を求めるだろう。歴史を見るなら、大統領は2期務めることが多い（例外として、ニクソンを継いだフォード、レーガンに敗れたカーター、ビル・クリントンに敗れたG・H・W・ブッシュは1期で終わった）。再選に成功すれば、さらに4年の任期が追加される。

トランプ政権は危機を脱して、保守への回帰を進めるのだろうか？　民主党はリーダーの世代交代をして、トランプの危険な政策を阻むことができるだろうか？　トランプに対して弾劾の道を選ぶのか、それとも20年の大統領選に賭ける戦略をとるのか？　メディア、市民の抵抗運動はどう展開するのか？　「MeToo」運動のインパクトはさらに広がるのだろうか？

「平等と多様性の価値化」を進めるか、それとも逆行するのか、18年、20年選挙の結果は、アメリカ社会のあり方に大きなインパクトを与える歴史的意味を持つだろう。

本書の執筆を始めた頃は、16年選挙で女性初の大統領が登場するだろうと予想されていた。私もそう予想かつ期待し、ヒラリー・クリントン当選をもって本を完結させようと考えていた。ところが、トランプという破格の人物が出てきて未曾有の選挙展開となり、大方の予想を覆して当選した。トランプは大統領になってからも、人種や移民、女性、LGBT差別発言を繰り返し、オバマの進歩的政策の否定に徹するという変則ぶりを続けた。なぜトランプのような人物が大統領に当選したのかは興味深いトピックであったし、トランプが引き起こした混乱の中にこれまで表に出てこなかったアメリカ社会の諸面も見えてきた。そこで、その分析に挑戦することにし、「トランプ政権の一年」として最終章にまとめた。執筆に長い時間をかけたが、幸いなことに、このたび、「ちくま新書」として上梓されることになった。

末筆ながら、本書の出版を快く引き受けて下さったちくま新書の松田健編集長に深く感謝します。現在進行中の現象の把握と分析は容易ではなく、新書としては内容も多く頁数も長くなってしまったが、そのまま受け入れて下さった配慮をありがたく感じました。また原稿をていねいに校閲し適切な助言を下さった藤岡美玲さんにも心より感謝します。

2018年1月

ホーン川嶋瑤子

United States." (1.6.2016); "The Immigration Act of 1990: Unfinished Business a Quarter-Century Later." (6.2016).
Hyun, Jane, *Breaking the Bamboo Ceiling*. Harper Business, 2006.
Chua, Amy, *Battle Hymn of the Tiger Mother*. Penguin Random House, 2011.
【第2章】
Catalyst, "Corporate Performance and Women's Representation on Boards." (2011); "Women Board Directors." (1.4.2017).
Credit Suisse Research Institute, "CS Gender 3000: Women in Senior Management." (2016).
Deloitte Report, *Diversity's New Frontier: Diversity of thought and the future of the workforce*. Deloitte University Press, 2015.
ホーン川嶋瑤子『大学教育とジェンダー――ジェンダーはアメリカの大学をどう変革したか』東信堂、2004
【第3章】
Williams Institute, UCLA, "LGBT Data Overview."; Gary J. Gates, "How many people are lesbian, gay, bisexual, and transgender?" (4.2011); Jody I. Herman, et al, "Age of Individuals Who Identify as Transgender in the United States." (1.2017).
Stryker, Susan, *Transgender History*. Seal Press, 2008.
Columbia Law School, "What does the scholarly research say about the wellbeing of children with gay or lesbian parents?" (updated 3.2017).
National Center for Transgender Equality, "2011 Survey."; Transgender Law Center; American Psychological Association 参照
Butler, Judith, *Gender Trouble*. Routledge, 1990&99.
森山至貴『LGBTを読みとく――クィア・スタディーズ入門』ちくま新書、2017
【第4章】
Gilder Lehrman Institute of American History, "History by Era."
U.S. History and Historical Documents, USA.Gov.
American Government [ushistory.org/gov/] "American Government."
WWW-VL: United History.
Rosenthal, Lawrence, "Trump, The Tea Party, The Republicans and the Other," Haas Institute, UC Berkeley, (6.29.2016).
Gordon, Colin, "Growing Apart: A Political History of American Inequality," Inequality.Org, (update 3.2015).

参考文献

【第 1 章】

人種関連

Beydoun, Khaled A, "Between Muslim and White: The Legal Construction of Arab American Identity." *New York University Annual Survey of American Law,* 2014.

Haney, Lopez, Ian F, *White by Law: The Legal Construction of Race.* New York University Press, 1996.

McDonald, James, "Democratic Failure and Emergencies: Myth or Reality?" *Virginia Law Review,* 2007.

本田創造『アメリカ黒人の歴史 新版』岩波新書、1991

上杉忍『アメリカ黒人の歴史――奴隷貿易からオバマ大統領まで』中公新書、2013

鎌田遵『ネイティブ・アメリカン――先住民社会の現在』岩波新書、2009

西山隆行『移民大国アメリカ』ちくま新書、2016

日系人関連

東栄一郎「日本人海外渡航史」、飯野正子他「日本人移民研究概説」『アメリカ大陸日系人百科事典』アケミ・キクムラ・ヤノ編（明石書店、2002）

Kikumura, Akemi Yano, *Discover Nikkei* に収録されている日系移民についてのいくつかの記事参照

ベフ・ハルミ「戦中期の強制収容と戦後の活躍」ハルミ・ベフ編『日系アメリカ人の歩みと現在』人文書院、2002

日系アメリカ市民連盟（JACL）資料

Weglyn, Michi, *Years of Infamy: The Untold Story of America's Concentration Camps.* University of Washington Press, 1976.

Tatsuno, Sheridan, *Discover Nikkei*（12.27.2006）; インタビュー（10.25.2013）.

『日米女性ジャーナル』第10号日系人特集、1991

全米日系人博物館資料館常時展；マンザナー国定史跡博物館展示

移民関連

Pew Research Center, "Future Immigration Will Change the Face of America by 2065."（10.5.2015）; "The Rise of Asian Americans."（4.13.2013）.

Migration Policy Institute, "Frequently Requested Statistics on Immigrants and Immigration in the United States."（4.14.2016）; "Asian Immigrants in the

【さ行】

【た行】

【な行】

索引

【あ行】

【か行】

ちくま新書
1311

アメリカの社会変革《しゃかいへんかく》
――人種《じんしゅ》・移民《いみん》・ジェンダー・LGBT

二〇一八年二月一〇日　第一刷発行

著　者　ホーン川嶋瑤子（ほーん・かわしま・ようこ）
発行者　山野浩一
発行所　株式会社 筑摩書房
東京都台東区蔵前二-五-三　郵便番号一一一-八七五五
振替〇〇一六〇-八-四一二三
装幀者　間村俊一
印刷・製本　三松堂印刷 株式会社

乱丁・落丁本の場合は、左記宛にご送付ください。
送料小社負担でお取り替えいたします。
ご注文・お問い合わせも左記へお願いいたします。
〒三三一-八五〇七　さいたま市北区櫛引町二-六〇四
筑摩書房サービスセンター　電話〇四八-六五一-〇〇五三

ISBN978-4-480-07110-1 C0236